부의 대전환

코인
전쟁

일러두기

- 본 저서의 모든 내용은 필진 개인의 의견으로 현재 재직 중인 기관의 입장이나 수행하는 업무와 무관합니다. 더불어 본 저서의 내용을 활용한 투자 판단은 전적으로 독자의 책임하에 있음을 밝힙니다.
- 본문에 소개된 비트코인을 비롯한 암호화폐의 시세, 시가총액 및 각종 지표는 2021년 5월 기준이며, 암호화폐가 지니는 특성상 책을 읽는 시점에서 다양한 변동이 있을 수 있습니다.

암호화폐 용어와 관련하여

- 한국정보통신기술협회에서는 암호화폐(cryptocurrency)란 블록체인을 기반으로 분산 환경에서 암호화 기술(cryptography)을 사용하여 만든 디지털 화폐(digital currency)로 정의했고, 2021년 3월 국내에서 시행된 특금법(특정 금융거래정보의 보고 및 이용 등에 관한 법률) 개정안에서는 암호화폐를 '가상자산'이라고 정의하고 있습니다.
- 암호화폐는 전 세계적으로 가상화폐, 가상통화, 전자화폐, 암호통화, 암호자산 등 다양하게 불리고 있으나 그중 암호화폐, 암호자산, 가상자산 등이 일반적으로 사용되고 있습니다.
- 이 책에서는 '암호화폐'를 기준으로 하여 설명하되 각 장(chapter)별로 '가상자산', '암호자산' 등 저자들의 집필 방향에 따라 특화하여 서술하였습니다.

인류의 금융 역사를 바꾸는 거대한 패러다임 변화

부의 대전환

코인 전쟁

박성준 | 김승주 | 한대훈 | 임동민 | 홍익희

최고의 전문가들이 한발 앞서 내다본
암호화폐의 실체와 부의 미래

한스미디어

인류 역사상 최대의 화폐 혁명,
그 거대한 변화의 시작점에서

2020년 1월, 코로나 팬데믹이 전 세계를 덮친 지도 어느새 1년이 훌쩍 넘었습니다. 수많은 이의 희생을 뒤로하고 백신이 개발되어 인류는 일상을 되찾을 희망을 꿈꾸고 있지만, 여전히 가야 할 길은 먼 듯합니다.

코로나 사태는 우리가 그간 경험하지 못했던, 적어도 십수 년 후에나 현실로 다가오리라 생각했던 적지 않은 미래의 모습을 우리의 눈앞으로 이끌었습니다. 언택트Untact란 이름 아래 직장이란 공간이 집으로 옮겨지고, 학생들은 모니터 안에서 선생님을 만나며 공부하고 있습니다. 운동장에서 뛰놀던 아이들은 거실에서 최신 게임기로 친구와 어울리고 어른들은 〈모여봐요 동물의 숲〉 같은 메타버스 지구에서 색다른 삶을 영위합니다.

코로나19는 부의 양극화 역시 심화시켰습니다. 침몰되는 경제를 살리기 위해 전 세계 주요국은 엄청난 돈을 풀었고 인류는 일찍이 경험하지 못했던 유동성 과잉의 시대에 접어들었습니다. 이로 인해 급락하던 주가는 반등하고 경제 회복이란 일정한 성과도 거두었지만, 주식과 부동산 투자의 흐름에 편승하지 못한 사람들이 상대적 박탈감에 시달리고 있는 것 또한 사실입니다. 이러한 양극화 문제는 코로나 팬데믹이 지나가고 나면 정부와 사회가 함께 풀어야 할 쉽지 않은 숙제로 남을 것입니다.

◎ 암호화폐, 그리고 경제와 부의 대전환

최근 들어 전 세계 주가의 흐름이 잠잠한 국면에 접어들자 넘쳐나는 유동성은 이른바 암호화폐, 속칭 '코인Coin'으로 이동하는 모양새입니다. 비트코인으로 대표되는 코인에 관한 관심은 남녀노소와 지역을 가리지 않는 듯합니다. 주식과 달리 투자할 수 있는 시간의 제약도 없어 일상 영역과의 구분이 무너지는 부작용도 드러나고 있습니다.

2017년과 2018년을 거치며 전 세계에 거센 충격파를 던졌던 암호화폐의 재부상은 많은 생각을 하게 합니다. 암호화폐의 아버지 격인 비트코인은 화폐 발행 권한의 탈중앙화라는 철학을 바탕으로 블록체인 기술에 힘입어 탄생했습니다.

발권력을 독점한 중앙은행의 강력한 자장에서 자유롭다는 것이 야말로 기존의 화폐와 비트코인을 구분 짓는 가장 큰 차이점입니다. 금이나 은, 석유나 달러 같은 화폐 혹은 화폐에 준하는 자산과는 그 성격이 근본적으로 다르다는 것입니다.

그렇다면 이처럼 인류가 한 번도 경험해보지 못한 새로운 화폐의 출현은 과연 우리의 미래를 어디로 이끌게 될까요? 삶의 기반이 되는 경제의 모습은 어떻게 변화하고, 개인의 자산과 부의 구조는 또 어떻게 바뀌게 될까요? 우리는 이에 대해 어떻게 준비하고 대응할 수 있을까요?

이 책《부의 대전환, 코인전쟁》은 이러한 질문에 대한 해답을 찾고자 하는 취지에서 기획되었습니다. 코로나 팬데믹을 거치며 맹렬하게 부상하는 암호화폐의 실체와 그에 대한 진정한 가치, 이들의 미래에 대해 생각해보는 것은 이미 일상의 호기심이나 단순한 투자의 영역을 넘어서는 가치가 있습니다. 경우에 따라서는 1990년대의 인터넷 혁명이나 2007년의 모바일 혁명을 뛰어넘는 거대한 패러다임 변화를 견인할 수도 있기 때문입니다. 그래서 그 변화의 동인에 대한 냉철한 분석과 전망은 결코 의미가 작다 할 수 없을 것입니다.

◯ 한발 앞서 암호화폐의 실체와 미래를 엿보는 여정

'코인전쟁'의 한복판에서 암호화폐의 실체와 미래를 고민하는 쉽지 않은 여정에 다섯 분의 전문가가 함께 해주셨습니다.

먼저, 암호화폐의 본질적인 가치를 생각해보는 1장은 동국대학교 국제정보보호대학원 블록체인연구센터장이자 블록체인 기술 전문업체 ㈜앤드어스 대표인 박성준 교수가 맡아 비트코인과 암호화폐란 무엇인가에 대해 블록체인 기술을 토대로 쉽게 설명하고 이를 통한 토큰 생태계도 함께 소개함으로써 독자의 시야를 넓혀드립니다.

종종 발생하는 거래소 해킹 등의 사고로 인해 많은 사람이 '암호화폐는 정말 안전하게 사용할 수 있는 것인가'라는 의문을 가지고 있습니다. 신뢰를 얻지 못하는 화폐는 결코 존재할 수 없다는 측면에서 이 문제는 중요합니다. 이에 대해서는 KBS 〈명견만리〉, JTBC 〈차이나는 클라스〉, tvN 〈미래수업〉 등에서 인기 강연으로 대중에게 친숙한 고려대학교 정보보호대학원 김승주 교수가 2장에서 명쾌하게 풀어냅니다. 다소 복잡할 수도 있는 기술적인 문제를 쉽게 설명해 암호화폐가 과연 어디까지 활용될 수 있을지 깊이 있는 인사이트를 선사합니다.

암호화폐를 둘러싼 산업과 비즈니스 역시 빠르게 성장하고 있습니다. 전통적인 금융 서비스 산업은 물론 블록체인 기술을 통해 탄생한 NFT 관련 산업도 그 시장 규모가 예상을 넘어서고 있습니다. 뜨겁게 떠오르고 있는 코인 산업과 비즈니스에 관한 이야기는 2017년 증권사 최초로 비트코인 리포트를 발간한 바 있는 SK증권의 한대훈 애널리스트가 맡아 3장에서 한 차원 높은 분석을 보여드립니다.

일반인들이 가장 관심 있는 것은 어쨌거나 '투자'의 영역일 것입니다. 포털에서 심심치 않게 볼 수 있는 '누구누구는 코인에 투자해 수억, 수십억을 벌었다더라'와 같은 자극적인 기사가 아니더라도, 이제 '코인'을 투자의 한 축으로 인정해야 할 때인 것은 분명해 보입니다. 주식이나 부동산에 비해 코인이 가진 리스크가 상대적으로 크다고 볼 때, 어떤 전략을 가지고 어떻게 '암호자산'에 투자할 것인가는 더할 나위 없이 중요합니다.

많은 분이 궁금해할 '코인 투자 전략'에 대해서는 교보증권에서 거시경제와 금융 시장을 분석하고 있는 임동민 이코노미스트가 4장에서 상세하게 소개하고 있습니다. 특히 '시세 중심으로 살펴보는 암호자산 가격 상승의 역사'와 '암호자산 포트폴리오 전략과 전술'에 대한 이야기는 놓치지 말기 바랍니다.

시야를 조금 달리해, 5장에서는 화폐 혁명의 관점에서 암호화폐를 이야기합니다. 앞에서 언급했듯이 우리 모두는 지금 화폐를 매개로 한 거대한 변화의 시작점에 서 있으며, 따라서 암호화폐가 어떠한 역사적 배경을 통해 오늘날에 이르렀는지, 투자와 경제의 관점에서 어떤 기회가 다가오고 있는지 이해하는 것 역시 중요합니다. 이에 대해서 베스트셀러 《유대인 이야기》, 《유대인 경제사》, 《달러 이야기》로 유명한 홍익희 전 세종대학교 교수가 자칫 무거울 수도 있는 주제를 알기 쉽게 설명합니다. 대한무역투자진흥공사KOTRA에서 멕시코무역관장, 마드리드무역관장, 밀라노무역관장 등을 역임하며 세계 경제의 흐름을 온몸으로 체득한 그는 tvN 〈미래수업〉, EBS 〈클래스ⓔ〉 등의 강연으로 대중과 함께 호흡하고 있습니다.

마지막 이야기는 앞서 1장을 열어주었던 박성준 교수가 '디지털 자산과 블록체인 혁명을 통해 달라질 미래'에 대해 전망합니다. 결국

머지않은 미래에 우리는 일상에서 암호화폐를 자연스럽게 쓰게 될 것이고 디지털 자산으로 부를 축적하는 시대에 살게 될 것입니다. 그래서 새로운 세상을 만들어가야 할 정부의 정책 결정자와 기업 실무자는 물론, 암호화폐와 관련 없는 일반 개인들도 반드시 알아야 하는 내용을 담아 함축적으로 설명하고 있습니다. 특히 개인 투자자들이 버블 가능성이 있는 암호화폐에 현혹되지 않고 건전한 암호화폐를 판단하는 방법에 대해서도 정리해 투자에 관심 있는 독자들의 이해를 한층 돕고 있습니다.

스페셜 칼럼으로, 곽세연 연합인포맥스 뉴욕특파원(투자금융부 부장)은 미국 현지에서 바라본 비트코인 이야기를 생생하게 담아주었습니다. 세계 금융의 본산지 미국에서 비트코인과 암호화폐를 둘러싸고 벌어지는 흥미로운 담론과 화폐의 위기에 귀기울여보기 바랍니다.

메타버스, ESG, NFT…. 최근 1년 사이에만 각종 미디어와 서적 등을 통해 대중에게 널리 알려진 굵직한 키워드들입니다. 전문가들의 영역에서만 존재하던 키워드가 어느새 세상 밖으로 뛰쳐나와 우리 곁에서 살아 숨 쉬며 또 다른 세상으로 인도하고 있습니다.

변화를 받아들이는 것은 누구에게나 쉽지 않은 일입니다. 번잡하고 불편할뿐더러 때로는 고통스럽기까지 합니다. 그러나 역사가 증명하는 분명한 사실은, 승자의 자리는 변화를 적극적으로 받아들이고 대응한 이들의 몫이라는 것입니다.

거대한 화폐 혁명 전야에서 새로운 새벽을 맞이하는 모든 여러분의 건승을 기원합니다.

Contents

1장

암호화폐가 지닌 진정한 가치를 생각하다

박성준

동국대학교 국제정보보호대학원 블록체인연구센터장이자 블록체인 기술 전문업체 ㈜앤드어스 대표다. 국가보안기술연구원(NSRI) 선임연구원과 한국인터넷진흥원(KISA) 기술기반팀장을 거쳐 ㈜비씨큐어 대표이사를 역임한 바 있다. 블록체인 전문가로서 행정자치부 지능형정부 중기계획 수립과제반 전문위원을 맡았으며, 미래창조과학부 산하 블록체인오픈포럼 기술개발/정보보호 분과장으로 활동했다. 동국대학교 산학협력단 연구초빙교수로서 학생들에게 암호학 및 블록체인에 대해 강의하고 있으며, 여러 매체를 통해 블록체인 및 암호경제에 대한 전문가 의견을 활발히 전달하고 있다. 또한 EBS 〈클래스ⓔ〉를 통해 '암호화폐와 블록체인'이라는 주제로 10회 강연을 하였으며, 기업인과 일반인을 대상으로 830여 회 강연을 진행하는 등 블록체인 대중화를 위해 노력하고 있다.

미래의 부와 권력은
암호화폐를 이해하는 사람의 몫이다

따르릉, 따르릉~ "안녕하세요, 저는 모 언론사 △△△ 기자입니다. 이번 암호화폐 광풍에서 2030세대의 투자가 많이 늘어났는데, 배경 및 이유에 대해서 센터장님의 의견은 어떠신가요?"

따르릉, 따르릉~ "안녕하세요, 저희는 ▢▢▢ 기업입니다. 향후 블록체인과 암호화폐 관련 사업을 추진하고 싶어 센터장님 의견을 듣고자 연락드렸습니다. 관련해 상의를 드리고 싶은데 시간을 내어줄 수 있으신지요?"

따르릉, 따르릉~ "안녕하세요, 평소 센터장님 인터뷰를 기사와 방송을 통해 즐겨봤습니다. 궁금한 것이 있어 전화드렸는데요, 제가 아는 지인이 ○○○ 암호화폐에 투자하면 큰돈을 벌 수 있다고 하는데 맞는 말인가요?"

○   10여 년 동안 블록체인과 암호화폐를 연구하고 사업을 하는 입장에서 격세지감을 느낀다. 2018년 광풍이 일어났을 때, 실제로 정부를 향해 "과거 '인터넷 혁명 시대'를 준비했듯이 '블록체인 혁명 시대'를 철저히 대비해야 한다"고 제언도 했으며, 많은 기업과 일반인의 인식 제고를 위해 830여 회 강연과 특강을 하면서 '블록체인 혁명'의 의미를 알리기도 했다. 그러나 그러한 활동들이 공허한 메아리로 돌아오면서(특히, 정부) 많은 자괴감과 절망을 느끼기도 했다.

과거 역사를 볼 때 부와 권력의 원천은 시대의 흐름을 이해한 자들의 몫이었다. 현재의 세계적 대기업들은 과거 '인터넷 혁명' 시대의 흐름을 먼저 이해하고 '인터넷 세상'을 준비한 기업들이다.

이제 부와 권력의 원천에 혁신적인 변화가 급격히 일어나고 있다. '블록체인 및 암호화폐 혁명' 시대 전환점에 와 있는 것이다. 미래 세상의 부와 권력을 차지하는 새로운 전쟁을 하고 있는 것이다. '쩐의 전쟁'에서 '디지털 쩐의 전쟁'으로, '유·무형의 자산 시대'에서 '디지털 자산 시대'로 전환되고 있는 것이다.

그러나 일반 대중으로부터 암호화폐와 그 기반이 되는 블록체인이 이해하기 어렵다는 말을 종종 듣는다. 이는 기술적인 관점에서 그런 것이다. 단지, 블록체인 및 암호화폐를 기술적으로 이해하지 못하더라도, 개념적인 이해를 통해 미래 세상을 예측해볼 수 있다. 컴퓨터나 인터넷을 기술적으로 이해하지 못하더라도 컴퓨터나 인터넷이 우리의 세상을 어떻게 변화시켰는지, 우리의 삶에 어떠한 영향을 미쳤는지는 알 수 있는 것처럼 말이다.

중요한 것은 블록체인 및 암호화폐의 기술적 이해가 아닌 우리에게 어떤 중요한 의미가 있는지를 이해하는 것이다. 왜 블록체인과 암호화폐에 주목해야 하는가. 블록체인의 기능 및 특성을 이해해 정치적·행정적·사회적·경제적 측면에서 어떤 의미를 가지고 있는지 살펴보며, 우리가 살고 있는 세상의 어떠한 문제점들을 해결해 어떻게 좋은 세상을 만들 수 있는지에 대해 이해하는 것이 중요하다.

즉, 우리가 궁극적으로 관심 가져야 하는 것은 암호화폐와 블록체인 혁명 시대를 맞아 부와 권력의 대전환 현상을 이해해 이를 준비하는 것이다.

비트코인을 둘러싼
3가지 쟁점

○　　2018년 광풍 이후 다시 한번 비트코인 광풍이 일어났다. 그리고 2018년과 다름없이 또다시 정부·학계·산업체 사이에 비트코인에 대한 논쟁이 가열되고 있다. 부정적인 입장에서는 비트코인의 실체, 내재적 가치 등을 지적하면 비트코인의 광풍을 폄하하는 주장을 하고 있으며, 긍정적인 입장에서는 비트코인은 디지털 전환Digital Transformation 시대의 흐름이기 때문에 미래의 화폐 또는 자산으로 인정해야 한다고 주장하고 있다.

현재 논의되고 있는 비트코인의 쟁점 사항을 정리하면 크게 다음의 3가지다.

◎ 쟁점 ① 화폐인가 아닌가

결론적으로 비트코인은 우리가 생각하는 화폐가 아니다. 더욱이 디지털 법정화폐가 될 수 없으므로 현재 논의되고 있는 '화폐인가 아닌가'라는 논쟁은 의미가 없다. 비록 비트코인 목적이 기존 국가 주도의 화폐 발행에 저항하기 위해 만든 것이라 하더라도, 비트코인의 특성상 화폐가 될 수 없다는 것은 자명하다. 예를 들어 '수표가 화폐인가 아닌가'의 논쟁과 같다고 할 수 있다. 수표는 화폐처럼 사용되지만, 법정화폐가 아닌 것과 같다는 것이다.

중요한 것은 지폐의 디지털화다. 현재 전 세계적으로 '쩐의 전쟁'에서 '디지털 쩐의 전쟁'이 급격히 일어나고 있는 상황에서 우리나라 지폐의 디지털화에 대한 중요한 국가 정책이 필요한 때다. 조속히 '디지털 쩐의 전쟁'에서의 대한민국의 '디지털 원화'에 대한 정책 수립이 필요한 시점이다. 가장 중요한 논점은 아마도 '디지털 원화'의 익명성 여부일 것으로 예상된다.

◎ 쟁점 ② 비트코인의 실체 문제

실체 문제에 대해서는 과거의 경험과 현실을 직시하면 이러한 논쟁이 얼마나 부질없는 논쟁인지를 알 수 있다. 1990년대 컴퓨터와 인터넷으로 대변되는 인터넷 혁명 또는 정보 혁명 시대를 경험했다. 소프트웨어가 실체가 있는가. 그 당시에도 실체가 없는 소프트웨어의 가치 산정을 두고 수없이 많은 논쟁을 했다. 수많은 전문가가 "미래의 핵심 경쟁력은 소프트웨어"라며, '소프트웨어 강국'을 주장했다. 결과가 좋지 않았다는 것을 경험하지 않았는가. 그리고 현재도 실체가 없는 인공지능, 메타버스 등이 등장하는 시점에서 실체가 없는 것들이 우리의 삶에 영향을 미치는 것을 경험하고 있다.

◯ 쟁점 ③ 비트코인의 내재적 가치 문제

비트코인의 내재적 가치 문제는 크게 2가지로 요약할 수 있다.

(1) 기본적으로 '비트코인이 가치가 있느냐'의 문제다. 비트코인의 내재적 가치의 근간에는 채굴자가 채굴하는 비용이 있다. 비트코인이 지속적으로 생태계를 유지하려면 채굴자들이 채굴해야 한다. 비트코인의 가치가 채굴 비용보다 많아야 채굴자들이 채굴하게 된다는 것이다.

(2) 비트코인 가치의 합리성이다. 비트코인의 핵심적 가치 중 하나는 우리가 만든 우리의 화폐라는 것이다. 즉, 우리의 신뢰가 가장 본

1장 암호화폐가 지닌 진정한 가치를 생각하다

질적인 가치가 되는 것이다. 또한 비트코인은 10년여 동안 위·변조가 발생하지 않은 검증된 암호화폐라는 것이다. 비트코인의 안정성 및 신뢰가 검증되었다는 것이다. 또 다른 중요한 가치는 비트코인이 최초의 P2P_{Peer-to-Peer} 암호화폐로서 암호화폐 시장에서 일종의 기축통화 역할을 해왔다는 것이다.

새로운 암호화폐가 탄생하면 비트코인과 가치를 비교해, 교환의 표준으로 사용해왔다. 즉, 비트코인은 암호화폐 시장에서 특별한 위치를 차지하고 있는 가장 중요한 암호화폐인 것이다.

그러나 비트코인의 합리적 가치를 판단하려면 새로운 가치 모델이 필요해질 것이다. 기존에 우리가 생각하는 경제적 가치는 중앙집중 방식의 가치 모델로, 이제 비트코인은 P2P 방식으로 다른 가치 판단 기준이 필요한 시점에 왔다. 결론적으로 P2P 경제 모델의 의미와 가치를 판단하는 새로운 경제학이 필요해진 것이다.

한눈에 살펴보는
비트코인의 기본 원리

◎ **비트코인이란 무엇인가**

앞서 비트코인을 둘러싼 3가지 쟁점에 대해 알아보았다. 최근 이러한 논쟁이 쏟아지며 많은 사람의 관심이 몰렸지만, 비트코인의 본질에 대해 대다수가 아직도 제대로 이해하지 못하고 있는 것도 사실이다. 특히 비트코인의 미래 가치를 높게 사는 투자자라면 그 개념과 본질에 대해 반드시 알아야 한다.

일반적으로 블록체인이라 하면 암호화폐를 연상하고, 암호화폐라 하면 비트코인을 연상하게 된다. 비트코인은 최초의 P2P 암호화폐 시스템이며, 현재 암호화폐 생태계에서 차지하는 비중이 가장 크기 때문일 것이다. 그럼에도 비트코인의 원리나 구조에 대해 어렵게 생각하고 있는 것 같다. 무엇보다 비트코인의 원리를 이해하게 되면 비트코인이 우리의 세상을 바꾸는 혁신적인 창조물이라는 것을 이해할 수 있다.

비트코인의 3가지 원리는 화폐 발행 권한의 탈중앙화Decentralizaion, 거래 체인Transaction chain, 분산원장Distributed ledger이다.

화폐 발행 권한의 탈중앙화

- 우리 모두가 화폐 발행 권한을 갖자(화폐 발행 기관=우리)
- 화폐 발행 권한의 남용 문제 해결

거래 체인

- 화폐 위·변조 여부 확인

분산원장

- 탈중앙화된 상태에서의 신뢰성 확보

첫 번째 원리인 화폐 발행 권한의 탈중앙화가 비트코인이 해결하고자 하는 본질적인 철학과 사상이다. 역사적으로 화폐 발행 권한의 독점으로 인한 국가적·사회적 문제를 일으킨 경험을 갖고 있으며, 이러한 문제를 해결하기 위해 화폐 발행 권한을 탈중앙화했다는 것이다. 즉, 화폐 발행 권한을 독점적으로 한 기관에게 주는 것이 아닌 우리 모두가 함께 화폐 발행 권한을 갖는 것이다. 한편으로는 화폐 발행 권한의 탈중앙화를 위해 우리 모두에게 화폐 발행 권한을 준다면, 화폐 발행 권한의 남용 문제가 자연스럽게 발생한다. 이 문제를 해결하기 위해 화폐 발행 조건이 필요하게 된다. 비트코인에서 화폐 발행 조건을 이해하는 것이 비트코인을 이해하는 것이다.

비트코인의 가장 일반적인 오해가 '발행 주체가 없다'라는 것이다. 상식적으로 생각할 때 화폐 발행을 하지 않았는데 화폐가 있다는 것은 모순된다. 비트코인 또한 발행 주체가 있으며, 단지 발행하는 방법이 현재와는 다르다는 것(발행 권한의 탈중앙화)이다. 결론적으로 비트코인 발행 주체는 우리라는 것이다.

두 번째 원리는 발행된 화폐의 위·변조 여부를 판단하는 것이다. 일반적으로 우리는 지폐를 사용할 때 당연히 진짜 화폐라는 생각에서 관행적으로 받아들인다. 그러나 현실에서는 위조화폐 사건이 가끔 일어나곤 한다. 어떤 화폐가 100% 진짜인지 확인하는 방법은 화폐 발행 기관과의 연계 속에서만 찾을 수 있다. 화폐가 진짜인 이유는 화폐 발행 기관이 발행했기 때문이다. 즉, 화폐가 진짜인지 100% 확인하는 방법은 화폐 발행 기관에서 발행한 것을 확인하는 것이다. 우리나라의 경우 한국은행(조폐공사)이 된다.

그런데 화폐가 100% 진짜인지를 판단하는 다른 방법이 하나 존

[그림1-1] 지폐의 출처 증명

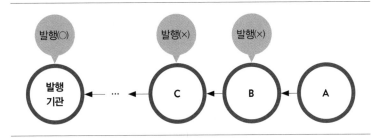

재한다. 바로 출처 증명을 하는 것이다. 여러분이 지폐를 받은 후 지폐를 준 사람에게 지폐의 출처를 물어보는 것이다. 예를 들어 A가 B에게서 지폐를 받았을 때 B에게 출처를 물어본다는 것이다. 그럼 B는 C에게서도 받았다고 할 것이다. 그럼 다시 C에게 출처를 물어본다. 이러한 과정을 되풀이하면 결국 어디가 종착지일까? 지폐 발행 기관이 된다[그림1-1].

[그림1-1]에서 알 수 있듯이 지폐의 흐름이 생기는데, 이를 거래 체인이라고 한다. 거래 체인으로 화폐의 위·변조 여부를 확인할 수 있다.

비트코인의 위·변조 여부를 확인하기 위한 방법이 거래 체인이다. 같은 논리로 비트코인 위·변조 여부 확인을 위해 거래 체인을 이용하면, 비트코인의 경우 종착지가 어디일까? 비트코인 거래 체인의 종착지를 이해하려면 비트코인의 첫 번째 원리를 상기해야 한다. 첫 번

[그림1-2] 비트코인의 거래 체인

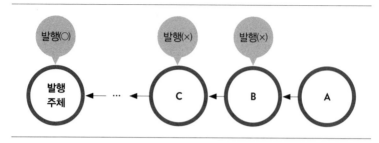

째 원리가 화폐의 발행 기관이 탈중앙화로 우리가 발행하는 화폐의 개념이다. 따라서 비트코인 거래 체인의 종착지는 우리 중 하나가 된다는 것이다. 물론 화폐 발행 조건을 만족하면서 발행했는가를 판단해야 한다[그림1-2].

세 번째 원리가 분산원장 개념이다. 분산원장 개념이 해결하고자 하는 것은 비트코인의 중복 사용 또는 이중 지불 문제다. 비트코인은 실물 지폐와 달리 디지털 정보이므로 지속적으로 중복 사용할 수 있다. 중복 사용 문제를 해결하지 못하면 비트코인은 화폐로서의 가치가 없게 된다.

중복 사용 문제를 해결하는 원리는 아주 간단하다. 비트코인을 사용하는 모든 사람에게 물어보고 답을 받는 것이다. 중복 사용이라면 이전에 이미 A에게 지불한 비트코인을 다시 B에게 사용한다는 것이며, A도 물어볼 대상이기 때문에 A가 B에게 답을 준다면, B는 중복 사용한 것임을 알 수 있다는 것이다.

그런데 이를 시스템으로 구현할 경우 해결해야 하는 중요한 문제가 있다. A가 반드시 답을 해야만 중복 사용 문제를 해결할 수 있기 때문에 비트코인이 구현되려면 A가 반드시 답을 하도록 만드는 동기부여가 있어야 한다. 바로 이 동기부여를 위해 답을 하게끔 유도하는 보상 체계가 필요하게 된다. 분산원장은 항상 보상 체계와 밀접하게 관련되어 있다는 것이다.

분산원장 개념을 이해하려면 A가 어떻게 답을 주는지 이해해야한다. 앞서 중복 사용을 해결하기 위한 원리는 비트코인을 사용하는 모든 사람에게 물어보고 답을 받는 것이라고 했다. '물어보고 답을 받는다'라는 원리에 의해 A는 모든 비트코인 거래를 소유하게 된다.

[그림1-3] 블록과 블록체인

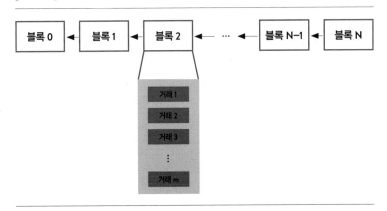

A는 소유한 모든 거래에서 중복 사용된 거래를 제외한 정상적인 거래들을 블록Block으로 묶어서 블록으로 답을 주게 된다. 블록이란 정상적인 거래들의 묶음이며, 블록체인Blockchain이란 블록들을 특별한 규칙에 의해 연결한 것이다[그림1-3].

블록과 블록체인

- 블록: 정상적인 거래들의 묶음
- 블록체인: 블록들을 특별한 규칙에 의해 연결한 것

블록을 생성하는 행위를 채굴Mining이라 하고, 채굴하는 사람을 채굴자Miner라 한다.

채굴과 채굴자

- 채굴: 블록을 생성하는 행위
- 채굴자: 블록을 생성하는 사람

한편으로는 모든 거래의 집합을 우리는 원장Ledger이라고 한다. 즉, A는 원장을 갖게 된다는 것이다. 그런데 A만 원장을 갖게 될까? 비트코인을 사용하는 모든 사람이 물어볼 대상이므로 모든 비트코인 사용자들 또한 같은 논리로 원장을 갖게 된다. 이런 의미가 분산

1장 암호화폐가 지닌 진정한 가치를 생각하다

원장이다.

채굴자들에게 주는 보상금은 누가 지불해야 할까? 채굴자들이 비트코인의 신뢰성을 확보해준 역할(중복 사용 방지)을 하기 때문에 비트코인을 사용하는 모든 사람이 함께 보상금을 지불해야 하는 것이 타당할 것이다. 모든 사람이 채굴자에게 주는 보상금을 함께 지불하는 효율적인 방법(유일한 방법)이 채굴자가 채굴에 성공했을 때 보상금으로 비트코인 발행 권한을 주어 비트코인을 발행할 수 있게 하는 것이다. 채굴 보상금과 비트코인 발행 권한을 연계한 것이 비트코인의 가장 중요한 핵심이다. 경제학적으로 비트코인이 추가로 발행되면 그만큼의 인플레이션이 발생하고 인플레이션의 발생분을 비트코인 사용자들이 감당하는 것이다.

"

비트코인 원리의 핵심

비트코인 발행 권한 = 채굴 보상금

"

◎ 비트코인에서 무엇을 배워야 하는가

기존의 모든 비즈니스 모델은 항상 비즈니스 모델의 안정성과 신뢰성을 확보하기 위해 신뢰기관을 가정한 중앙집중 방식 모델로 만들어진다.

그러나 역사적으로 신뢰기관의 신뢰성에 대한 많은 문제를 도출한 것 또한 현실이다. 그리고 신뢰기관의 신뢰성 문제를 해결하기 위해 지속적으로 수많은 법적·제도적 관점에서 해결해왔다.

비트코인은 신뢰기관의 신뢰 문제를 법적·제도적 관점이 아닌 기술적 관점에서 해결한 것이다. 비트코인의 해결 방법은 가히 혁명적이다. 본질적으로 신뢰기관이 없는 P2P 비즈니스 모델을 통해 이 문제를 해결했기 때문이다[그림1-4].

비트코인이 우리에게 보여준 것은 신뢰기관이 없는 P2P 방식도 신뢰할 수 있는 있다는 것을 보여준 첫 사례다. 즉, P2P 암호화폐 시

[그림1-4] 중앙집중 방식과 P2P 방식

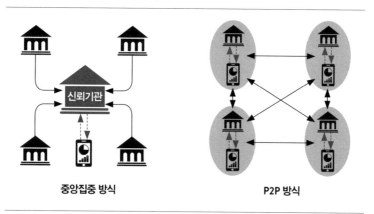

중앙집중 방식   P2P 방식

1장 암호화폐가 지닌 진정한 가치를 생각하다

스템인 비트코인이 10년이 지나는 동안 신뢰성과 안전성이 검증되었
다는 것이다.

"

비트코인의 본질

P2P 비즈니스 모델도 신뢰성을 확보할 수 있다

"

이제 우리는 선택을 해야 한다. 비트코인이 우리에게 알려준 P2P
방식에 대한 선택 말이다. 미래의 비즈니스 모델 설계에서 기존의 중
앙집중 방식 모델을 유지할 것인지 아니면 비트코인이 우리에게 보
여준 P2P 방식을 선택할지를 말이다.

블록체인을 이해하면
암호화폐의 가치가 보인다

◎ 비트코인의 진화, 이더리움

비트코인은 최초의 P2P 암호화폐, 블록체인의 첫 번째 성공 사례임에도 불구하고 제한적인 기능만 가지고 있다. 이는 화폐 발행 권한의 탈중앙화라는 비트코인의 목적에 충실했기 때문이다. 즉, 비트코인은 단순히 P2P 암호화폐일 뿐이다. 비트코인 논문에서 비록 블록과 체인으로 구성된 분산원장의 개념은 있지만, 현재 우리가 생각하는 블록체인이란 용어는 등장하지 않는다. 이를 이해하기 위해 먼저 몇 가지 기본 개념을 설명한다.

현재 우리가 활용하고 있는 컴퓨터를 처음 생각한 사람이 바로 앨런 튜링Alan Turing이다. 앨런 튜링은 자동으로 계산해주는 계산 기계Computation Machine인 튜링머신Turing Machine을 발명했으며, 현대 컴퓨터의 모델이 됐다. 무엇보다 앨런 튜링의 중요한 업적은 자신이 발명한 튜링머신 능력의 한계 또한 증명했다는 것이다. 이를 튜링 완전성Turing completeness 또는 튜링 불완전성Turing incompleteness으로 표현하는데, 튜링머신 능력의 활용 측면을 이야기한다.

예를 들어 이 의미를 간단히 설명하면 이렇다. 우리가 튜링머신으로 할 수 있는 일이 100가지라고 했을 때 100가지 일을 모두 할 수 있으면 튜링 완전성이라 하고, 70가지 일만 할 수 있으면 튜링 불완전성이라 한다는 것이다.

비트코인의 3가지 단점

① 튜링 불완전성

비트코인 암호화폐 시스템의 경우 DDoS 같은 해킹을 방지하기 위해 For 또는 While 문 같은 프로그램에 대한 제한을 둔다.

② 상태의 제한

비트코인 튜링 불완전성과 마찬가지 개념으로 비트코인 상태State 표현에 제한을 두었으며, 비트코인이 표현할 수 있는 상태는 돈의 보유 여부, 지불 여부 등 2가지다.

③ 사람의 제한

비트코인 계정은 사람이어야 한다.

비트코인의 단점으로 인해, 현재의 중앙집중 방식의 모든 서비스를 P2P 방식의 비즈니스 모델로 전환하는 것이 제한적이다. 이는 비트코인으로부터 우리가 배운 신뢰할 수 있는 수많은 P2P 비즈니스 모델을 창안하는 것이 제한적일 수밖에 없다는 것이다.

비트코인의 이러한 제한 사항을 극복하기 위해, 분산원장 개념을 블록체인 개념으로 일반화한 것이 비탈릭 부테린Vitalik Buterin이 개발한 이더리움이다. 비탈릭 부테린은 비트코인의 3가지 제한 사항을 다음과 같이 확장해 블록체인 개념을 정립했다. 물론 다른 제한적 요소도 있다.

블록체인: 비트코인의 3가지 제한 요소 확장

① 튜링 완전성

비트코인에서 제한을 둔 For 또는 While 문과 같은 프로그램에 대한 제한을 두지 않고 뭐든지 가능하도록 확장할 수 있다.

② 모든 상태 표현이 가능

비트코인의 2가지 상태 표현을 모든 상태를 표현할 수 있도록 확장할 수 있다.

1장 암호화폐가 지닌 진정한 가치를 생각하다

③ 사람뿐 아니라 사물(S/W 포함)로도 확장

계정의 범위를 사람과 사물로 확장할 수 있다.

비탈린 부테린이 창안한 이더리움 블록체인은 P2P 암호화폐 시스템을 뛰어넘어 블록체인을 하나의 글로벌 신뢰 컴퓨터A trust world computer가 되게 만든다. 즉, 블록체인이 글로벌 신뢰 컴퓨터가 된 것이다. 블록체인의 학술적 정의가 글로벌 신뢰 컴퓨터다. 글로벌의 의미는 네트워크 개념을 포함한다. 여기서 분산원장과 블록체인은 다른 개념이라는 것을 알 수 있다.

국내 모 금융 공공기관에서 내린 블록체인 정의를 참조하면 블록체인이 컴퓨터이자 네트워크라는 사실이 명백해진다.

블록체인 정의: 분산된 네트워크의 컴퓨팅 자원을 모아 거대한 연산 능력을 확보하고, 이를 기반으로 중앙서버 없이 모든 작업을 처리하고 검증하는 기술

블록체인 정의에서 두 번째 문장인 '중앙서버 없이 모든 작업을 처리하고 검증하는 기술'의 의미는 P2P 모델을 말하는 것이다. 첫 번째 문장에는 '① 분산된 네트워크의 컴퓨팅 자원을 모아'와 '② 거대한 연산 능력을 확보'한다는 2가지 개념이 들어 있다. 먼저 '① 분산

[그림1-5] 블록체인: 컴퓨터이자 네트워크

된 네트워크의 컴퓨팅 자원을 모아'의 의미는 네트워크로 연결되어 있는 다수의 컴퓨터로 구성한다는 의미이며, '② 거대한 연산 능력을 확보'한다는 의미는 구성된 다수의 컴퓨터가 마치 하나의 글로벌 컴퓨터처럼 동작한다는 것이다[그림1-5].

블록체인은 단순한 분산원장 개념을 넘어 우리에게 주어진 새로운 컴퓨터이자 네트워크라는 것이며, 블록체인을 구축하는 방법은 다수의 컴퓨터와 다수의 컴퓨터를 네트워크로 연결한 후 마치 하나의 컴퓨터처럼 동작하게 만든다는 것이다.

1장 암호화폐가 지닌 진정한 가치를 생각하다

블록체인 의미

우리에게 주어진 새로운 글로벌 신뢰 컴퓨터

◎ 블록체인의 비전과 목적

새로운 글로벌 신뢰 컴퓨터인 블록체인의 비전과 목적은 무엇일까? 이는 비트코인의 철학과 사상인 탈중앙화와 맥을 같이한다. P2P 비즈니스 모델의 창출이며, 비트코인의 한계를 극복해 현재의 모든 중앙집중 방식의 비즈니스 모델을 P2P 방식의 비즈니스 모델로 전환하는 것이다.

블록체인의 비전 및 목적을 구체적으로 알아보기 위해 블록체인의 기본적인 기능 및 이러한 기능을 통해 창출하는 P2P 비즈니스 생태계의 특성을 알아야 한다.

글로벌 신뢰 컴퓨터인 블록체인은 일반적인 암호화폐 발행, 스마트 계약Smart Contract, 디지털 자산Digital Asset, 탈중앙화된 자동 실행 조직DAC: Decentralizied Autonomous Cooperation 기능이 있다.

블록체인의 4가지 주요 기능

① 다양한 특성·기능을 갖는 암호화폐 발행

② 블록체인 컴퓨터에서 실행되는 소프트웨어로 디지털 자산을 관리

③ 유·무형 자산의 디지털화

④ 현재의 수직적 조직 구조가 아닌 수평적 P2P 조직의 DAC

첫 번째 기능인 암호화폐 발행 기능은 누구든지 필요한 암호화폐를 쉽게 발행할 수 있다는 것이다. 특히 발행하고자 하는 암호화폐는 발행하는 주체가 다양한 특성을 가질 수 있도록 발행할 수 있다. 예를 들어 현재 많이 각광 받고 있는 대체 불가능한 토큰이라는 의미의 NFTNon-Fungible Token 또한 그중의 하나다. 중요한 것은 어떠한 특성을 만족하는 다양한 암호화폐를 발행할 수 있다는 것이며, 이러한 다양성으로 인해 암호화폐를 하나로 분류할 수 없다는 것이다.

두 번째 기능인 스마트 계약은 소프트웨어를 말한다. 많은 사람이 스마트 계약을 조건이 만족하면 자동 실행되는 전자 계약으로 설명한다. 기능적으로는 맞는 이야기이지만 스마트 계약을 올바로 설명하는 것은 아니다.

스마트 계약은 우리가 알고 있는 소프트웨어의 다른 이름이라고 생각하면 된다. 현재의 컴퓨터에서 실행되는 것이 소프트웨어라고 말하듯이 탈중앙화된 블록체인 컴퓨터에서 실행되는 소프트웨어를

스마트 계약이라고 정의한다. 단지 스마트 계약은 목적이 있는 소프트웨어이며, 목적은 디지털 자산을 관리하는 것이다. 관리란 디지털 자산의 소유권, 거래에 의해 발생하는 소유권 이전 등을 말한다.

세 번째 기능인 디지털 자산이 블록체인의 비전과 목적을 달성하기 위한 가장 핵심적인 개념이다. 디지털 자산은 현재의 유·무형 자산을 디지털로 표현한 것으로 생각하면 된다. 디지털 전환 시대의 자연스러운 결과로 현재의 모든 자산은 디지털화해야 한다. 예를 들어 부동산·주식·상품권·미술품·자동차 등 유형의 자산은 머지않은 장래에 모두 디지털로 표현해야 한다는 것이다. 지적재산권 등 무형의 자산도 디지털로 표현해야 한다.

그러나 블록체인 신뢰 컴퓨터에서 표현하고자 하는 무형의 자산에는 현재 우리가 미처 생각지 않은 우리들의 디지털 자산들이 있다. 예를 들어 우리는 일상적으로 네이버나 페이스북의 이용자 또는 사용자, 병원의 환자라는 수동적 사고를 갖고 있다. 그런데 우리가 네이버나 페이스북을 이용자로서 이용할 때마다 우리가 활동한 모든 행위는 데이터로 표현되어 네이버나 페이스북 서버에 저장된다. 그리고 병원의 환자로서 치료를 받을 때마다 우리의 의료 정보 데이터가 생성되어 병원의 서버에 저장된다. 즉, 우리는 단순한 이용자나 환자가 아닌 데이터 생성자라는 것이다.

중요한 것은 우리가 생성한 데이터의 가치를 생각할 때 대부분 가

[그림1-6] 우리: 디지털 자산 생성자

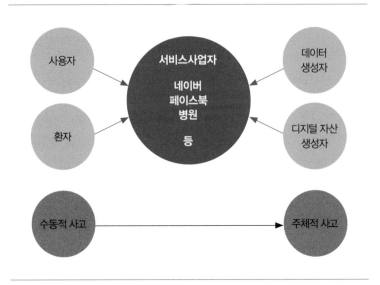

치가 있다고 생각하지만, 현실은 가치를 인정받지 못하고 있다.

즉, 우리는 이용자 또는 환자라는 수동적인 사고에서 가치가 있는 데이터를 생성하는 능동적인 주체적 사고의 혁신이 바로 블록체인의 비전과 목적을 이해하는 첫걸음이다. 디지털 자산이란 가치가 있는 데이터를 의미한다[그림1-6].

한마디 꼭 짚고 넘어가고 싶은 것이 있다. 인공지능, 블록체인 등으로 대변되는 4차 산업혁명이 성공하려면 빅데이터(양질의 대량의 데이터)가 필요하다고 한다. 빅데이터를 4차 산업혁명의 원유라고 하지 않는가. 그런데 빅데이터의 생성자는 바로 우리라는 것이며, 우리가 생성한 데이터들은 가치가 있는 디지털 자산이라는 것이다. 즉, 우리가 배제된 4차 산업혁명은 성공할 수 없으며, 특히 데이터를 생성하는 주체자로서 우리의 가치가 인정받을 수 있어야 한다. 블록체인의 비전 및 목적 중 하나가 바로 우리의 디지털 자산을 우리에게 돌려주는 것이다.

네 번째 기능은 DAC다. 일명 다오DAO: Decentralized Autonomous Organization라고 불리는 P2P 조직을 실현하는 방법이다. P2P 조직은 사장·부장·과장으로 체계화되어 있는 현재의 수직적 구조를 모두가 동등한 권한과 책임을 가지는 수평적 조직을 의미한다. 일종의 협동조합이라고 생각하면 쉽게 이해될 수 있다.

◎ 디지털 자산 시장: 암호 경제(블록체인 경제)

앞에서 설명한 블록체인의 4가지 기능을 가지고 블록체인의 비전 및 목적을 설명한다. 블록체인 비전 및 목적은 비트코인의 철학과 사상인 탈중앙화와 맥을 같이한다. P2P 비즈니스 모델의 창출이며, 비트코인의 한계를 극복해 현재의 모든 중앙집중 방식의 비즈니스 모델을 P2P 방식의 비즈니스 모델로 전환하는 것이다. 그리고 블록체인의 비전 및 목적을 구체적으로 이해하려면 앞에서 설명한 블록체인 컴퓨터의 4가지 기본 기능을 활용한 P2P 비즈니스 모델의 의미를 이해하면 된다.

블록체인 컴퓨터는 가장 먼저 가치가 있는 데이터인 디지털 자산을 소유권과 함께 저장할 수 있다. 이때 디지털 자산의 가치를 암호화폐로 표현하게 된다. 저장된 디지털 자산을 스마트 계약으로 거래(스마트 계약의 목적)할 수 있으며, 거래 완료 시 소유권이 이전된다. 디지털 자산 거래 시 필요한 지불 수단도 암호화폐가 담당한다. 암호화폐는 디지털 자산의 가치 표현 및 결제 수단이라는 것이다.

[그림1-7] 암호 경제(블록체인 경제)

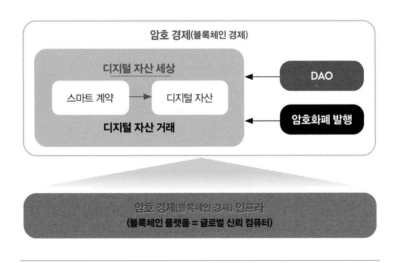

1장 암호화폐가 지닌 진정한 가치를 생각하다

블록체인을 기반으로 창출되는 비즈니스 생태계를 암호 경제 또는 블록체인 경제라고 명명한다[그림1-7]. 암호 경제에서 암호는 암호 기술을 의미하는 것이 아닌 암호화폐를 의미한다. 즉, 암호 경제란 암호화폐가 통용되는 P2P 경제 생태계를 말한다.

○ 암호 경제 생태계(블록체인 경제 생태계)에 대한 이해

블록체인을 우리에게 주어진 새로운 글로벌 컴퓨터로 이해하게

[그림1-8] 스마트폰 생태계와 블록체인 생태계 비교

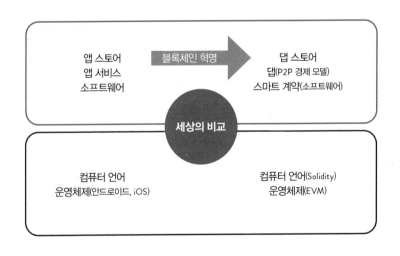

되면, 암호 경제 생태계를 쉽게 이해할 수 있다. 스마트폰 생태계와 블록체인 생태계를 비교한 [그림1-8]을 보면서 설명한다. 스마트폰은 단순한 전화기가 아닌 컴퓨터다. 컴퓨터이므로 운영체제(iOS, 안드로이드)가 있으며 소프트웨어를 활용해 스마트폰에서 실행되는 서비스 프로그램인 앱Application을 개발할 수 있다. 기개발된 앱들을 앱 스토어에서 찾아 사용할 수 있다.

마찬가지로 블록체인도 글로벌 신뢰 컴퓨터이므로 운영체제가 존재하며, 스마트 계약(소프트웨어)을 활용해 블록체인에서 실행되는 댑Dapp: Dencentralizied application을 개발할 수 있다. 그리고 기개발된 댑들을 댑 스토어에서 찾아 활용할 수 있다.

암호화폐 정의

○ 　　암호화폐는 디지털 자산의 가치 표현이라고 설명했다. 이제 암호화폐 개념·정의에 대해 알아보고자 한다. 먼저 용어부터 정리한다. 현재 암호화폐 관련 용어가 많이 사용되고 있다. 대표적으로 가상화폐, 전자화폐, 디지털 화폐, 암호통화, 암호화폐, 암호자산, 가상자산 등이다.

　전 세계적으로 사용되는 일반화된 용어는 '암호화폐/암호자산/가상자산'이다.

　국내 정보통신용어 표준화를 담당하고 있는 한국정보통신기술협회TTA 《정보통신용어사전》에서는 크게 3가지 관점에서 설명한다.

블록체인을 기반으로 분산 환경에서 암호화 기술Cryptography을 사용해 만든 디지털 화폐Digital currency. 전자화폐의 하나로 보기도 하지만 전자금융거래법에 정의된 전자화폐의 특성인 현금 교환성이 보장되지 않으며 정부가 가치나 지급을 보장하지 않는다는 점에서 전자화폐와 구별된다. 또한 가상화폐로 많이 알려져 있으나 개발자가 발행에 관여하지 않고 가상공간이 아닌 현실에서도 통용된다는 점에서 가상화폐와 차이가 있다.

암호화폐는 분산 환경에서 통화 단위Units of currency를 생성하고 유지하며 안전한 거래를 위해 암호화 기술을 사용해 분산 장부에 거래 정보를 기록하는 일종의 디지털 자산이다. 이를 취득하기 위해서는 수학적으로 복잡한 연산을 풀어야 하므로 암호화폐는 거래 정보의 변조가 현실적으로 불가능하다. 거래를 위해 은행과 같은 제3의 신뢰기관을 통한 신분 인증 절차를 거치지 않으며, 거래 당사자의 개인 정보도 이용하지 않으므로 익명성을 보장받는다. 중앙 통제 기관 없이 분산 네트워크(예를 들어 피투피P2P: Peer-to-Peer) 참여자들이 거래 정보를 분산해 저장·관리한다. 이때 분산 저장·관리를 위해 일반적으로 블록체인과 같은 분산원장 기술을 사용한다.

가장 잘 알려진 암호화폐가 2009년에 출현된 비트코인Bitcoin이다. 비트코인은 암호화 기술로 SHA-256Secure Hash Algorithm 256 기반의 작업증명PoW: Proof of Work 방식을 사용한다. 이 기술은 1997년 아담 백Adam Back 이 스팸 메일에 의한 서비스 거부 공격을 방지하기 위해 고안한 해시캐시 Hashcash를 기반으로 개발되었다. 암호화폐는 가치의 변동을 통제하기가 쉽지 않다는 이유 등으로 금융 시장에서 활용하기 어렵다. 이 점을 보완 하기 위해 달러와 같은 기축통화나 금과 연결해 일정한 가치가 유지되게 하기도 한다.

※참고: 전자화폐Electronic money는 디지털 화폐와 기술적으로 유사하지 만, 전자금융거래법을 따라야 하므로 디지털 화폐에 비해 범위가 제한 적이다. 체크카드, 신용카드 등이 해당한다. 가상화폐Virtual currency는 개 발하고 발행하는 주체가 일치할 때 사용한다. 예로 게임머니, 쇼핑몰 포인트 등이 있다. 코인Coin은 주로 블록체인 플랫폼에서 특정 응용 서 비스를 위해 발행하는 화폐를 말한다.

국내 《IT 용어사전》에서는 암호화폐를 다음과 같이 설명한다.

암호화폐: P2PPeer-to-Peer 네트워크에서 안전한 거래를 위해 암호화 기 술Cryptography을 사용하는 전자화폐.

국내에서 제정된 특금법(특정 금융거래정보의 보고 및 이용 등에 관 한 법률)에서는 암호화폐를 '가상자산'이라고 정의했다.

가상자산

경제적 가치를 지닌 것으로서 전자적으로 거래 또는 이전될 수 있는 전자증표(그에 관한 일체의 권리를 포함한다)로 정의했으며, 아래의 7가지 예외사항을 두었다.

① 화폐·재화·용역 등으로 교환될 수 없는 전자적 증표 또는 그 증표에 관한 정보로서 발행인이 사용처와 그 용도를 제한한 것

② 「게임산업진흥에 관한 법률」 제32조 제1항 제7호에 따른 게임물의 이용을 통해 획득한 유·무형의 결과물

③ 「전자금융거래법」 제2조 제14호에 따른 선불전자지급수단 및 같은 법 제2조 제15호에 따른 전자화폐

④ 「주식·사채 등의 전자등록에 관한 법률」 제2조 제4호에 따른 전자등록주식 등

⑤ 「전자어음의 발행 및 유통에 관한 법률」 제2조 제2호에 따른 전자어음

⑥ 「상법」 제862조에 따른 전자선하증권

⑦ 거래의 형태와 특성을 고려해 대통령령으로 정하는 것

분산원장 및 블록체인 기술 표준화를 담당하는 국제 표준화 기구 ISO/TC 307에서 정의한 암호화폐다.

암호화폐: 가치 교환의 매개체로 작동하도록 설계된 암호자산

※참고: 암호화폐는 안전한 거래를 위해 분산된 제어와 강력한 암호를 사용하며, 자산의 부가가치 창출을 통제하며, 자산의 양도를 검증한다.

유럽연합EU에서는 기술적 관점이 아닌 암호화폐의 특성에 기반해 암호화폐를 정의한다.

암호화폐는 다음의 4가지 특성을 갖는 '가치의 디지털 표현'이다.

(i) 정부가 발행 화폐의 대안으로 'P2P' 특성

(ii) 중앙은행과는 독립적으로 일반 목적의 교환 매체로 사용

(iii) 암호학이라고 알려진 메커니즘에 의해 안전성이 확보

(iv) 법적 입찰Legal tender로 전환될 수 있으며, 그 반대의 경우도 가능

이를 통해 전 세계적으로 암호화폐/가상자산에 대해 공통으로 합의된 정의가 결정되지 않은 것을 알 수 있다. 그러나 암호화폐 정의에 들어간 공통 개념은 유추할 수 있으며, 다음의 3가지 공통 개념에 대해 일치하는 의견을 보인다.

암호화폐의 합의된 개념

① 탈중앙화(분산화) 개념: 중앙집중 방식이 아닌 P2P 방식

② 암호 기술 적용: 암호화폐의 안전성은 암호 기술에 의존

③ 가치의 디지털 표현

특히 국내의 경우 암호화폐/가상자산에 대한 합의된 개념 및 정의를 도출하기 위한 논의도 못 하고 있는 실정으로, 전문가마다 다른 개념으로 이해하는 것이 안타까운 현실이다. 특히 특금법에서 정의한 가상자산을 분석하면, 전 세계적으로 합의된 3가지 공통 개념조차 반영되지 않았다고 볼 수 있다.

이 책에서 논의하는 암호화폐는 다음과 같이 정의하고자 한다.

"

암호화폐란?

탈중앙화 방식의 블록체인을 활용해 발행되고

암호 기술을 이용해 안전성을 확보하며

디지털 자산의 가치를 표현한 가상자산

"

암호화폐가 만드는
토큰 생태계

◎ 경제 모델로서의 토큰 생태계

암호화폐는 크게 코인과 토큰 2종류가 있다. 코인은 블록체인의 채굴 보상금으로서의 암호화폐를 이야기한다. 예를 들어 비트코인과 이더리움 등이 있다.

토큰은 블록체인의 주요 기능인 암호화폐 발행 기능으로 발행된 다양한 특성을 갖는 암호화폐를 말한다. 암호화폐 발행이 쉽다고 이야기하는 것은 바로 토큰인 경우를 말한다.

우리가 논하고 관심을 가져야 하는 암호화폐는 토큰을 의미한다.

[그림1-9] 토큰과 암호 경제 관계

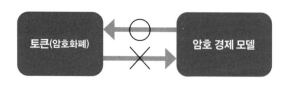

암호 경제(블록체인 경제)에서 논의하는 암호화폐가 토큰이다. 암호
경제에서 암호는 암호화폐를 의미한다고 했는데, 여기서 암호화폐는
토큰을 말한다는 것이며, 이런 연유로 암호 경제를 우리는 토큰 생태
계라고도 말한다.

무엇보다 토큰(암호화폐)을 먼저 발행한 후, 토큰이 필요한 암호 경
제 모델을 실현하는 것이 아니라는 것이 중요하다. 토큰을 발행하기
전에 먼저 디지털 자산 시장인 암호 경제 모델을 구축해야 한다. 암
호 경제 모델을 구축하면, 자연스럽게 암호 경제에서 토큰(암호화폐)
이 필요하기 때문에 토큰을 발행한다는 의미다[그림1-9].

더 중요한 것은 토큰이 필요한 암호 경제에서의 수익 모델의 존재
여부다. 토큰 생태계가 지속 가능하려면 반드시 암호 경제 모델의 수
익 모델이 존재해야 한다. 이것은 중앙집중화된 비즈니스 모델이든
P2P 방식의 비즈니스 모델이든 상관없이 경제 모델의 절대적 원칙
이다.

여기서 짚고 넘어가야 할 중요한 사실이 있다. '현재 블록체인과 암호화폐를 분리할 수 있는가 없는가'에 대한 논쟁이 있다. 결론적으로 블록체인과 암호화폐는 분리할 수 없다. 블록체인의 비전과 목적이 암호 경제(P2P 경제) 활성화이며, 암호 경제에서는 암호화폐가 필수적인 요소이며, 토큰 없는 암호 경제는 있을 수 없기 때문이다.

[표1-1] 블록체인 플랫폼별 토큰 생태계 현황

블록체인 플랫폼	토큰 생태계 개수
Ethereum	2,752
EOS	328
Steem	79
TRON	71
Klaytn	65
Hive	50
Blockstack	24
Neo	22
POA	20
xDai	19
Obyte	15
Loom	14
ICON	13
GoChain	7
OST	2
합계	3,511

◎ 토큰(암호화폐) 생태계 현황

토큰 현황을 이야기하는 것은 디지털 자산 경제인 토큰 생태계 현황을 이야기하는 것이다. 토큰이란 디지털 자산의 가치 표현이므로 디지털 자산 개념이 없는 토큰은 존재할 수 없기 때문이다. 현재 블록체인 플랫폼별 토큰 생태계 현황은 [표1-1]과 같다.

[표1-1]에서 알 수 있듯이 가장

[표1-2] 이더리움 기반 토큰 생태계 비즈니스 분야별 현황

비즈니스 분야	토큰 생태계 개수
게임(Games)	537
도박(Gambling)	415
금융(Finance)	381
소셜(Social)	263
거래소(Exchange)	224
개발(Development)	198
미디어(Media)	136
시장(Markplaces)	116
지갑(Wallet)	108
거버넌스(Governance)	82
부동산(Property)	78
보안(Security)	71
저장소(Storage)	56
신원(Identity)	40
에너지(Energy)	32
의료(Health)	24
보험(Insurance)	21

큰 규모의 토큰 생태계를 보유한 블록체인 플랫폼은 이더리움이다. 이더리움 기반의 토큰 생태계를 비즈니스 분야별로 세부화하면 [표1-2]와 같다.

[표1-2]에서 알 수 있듯이 토큰 생태계는 다양한 비즈니스 분야에서 탄생하고 활성화되고 있으며, 지속적으로 증가하고 있는 실정이다.

구체적인 토큰 생태계 사례 중에 대체 불가능 토큰 NFT와 디파이DeFi가 있다. NFT 개념은 각 토큰마다 고윳값을 가지고 있어 다른 토큰으로 대체가 불가능한 토큰을 말한다. 유일성 또는 희소성을 갖는 디지털 자산을 표현한 토큰을 말한다. NFT는 기존의 가상자산과 달리 디지털 자산에 별도의 고유한 인식값을 부여하고 있어 상호 교환이 불가능하다는 특성이 있다.

진본과 소유권 입증이 중요한 그림·음악·영상 등의 콘텐츠 분야에 활발히 활용되고 있다.

세계적으로 거래되는 NFT 시장 규모는 2년 새 8배 증가했다. 넌 펀저블닷컴Nonfungible.com이 2021년 2월 발행한 연례 보고서에 의하면 2018년까지 NFT 시장 규모는 4,096만 달러에서 2020년 3억 3,803만 달러로 확대되었다.

최근 고가에 낙찰되는 NFT가 생기면서 중요한 토큰 생태계로 자리 잡고 있다. 2021년 3월 22일, 트위터 공동 창업자 잭 도시Jack Dorsey의 '최초의 트윗'에 대한 소유권은 NFT 경매를 통해 약 33억 원에 낙찰되었다.

디파이는 탈중앙화된 금융 비즈니스 모델로, 정부나 기업 등 중앙 기관의 통제 없이 블록체인 기술로 다양한 금융 서비스를 제공하는 것을 의미한다.

즉, 금융 비즈니스 모델에서 중개자 역할을 하는 은행·증권사·카드사 등이 제공하는 은행 계좌나 신용카드 없이 블록체인 기술로 예금은 물론이고 결제·보험·투자 등의 다양한 금융 비즈니스 모델을 창출하는 것이 목적이다.

예를 들어 자산 토큰화Tokenization, 스테이블 코인Stable coin, 탈중앙화거래소(DEX, 중개인이 없이 자산을 P2P 방식으로 관리하는 분산화된 거래소) 등이 대표적인 디파이 비즈니스 모델이다.

◯ 마치며

암호화폐를 이해한다는 것은 토큰 생태계를 이해한다는 것이다. 토큰 생태계란 미래 디지털 자산 세상의 경제 생태계를 의미하기 때문에 미래의 부와 권력을 갖는 사람은 미래 세상의 경제 생태계를 주도할 것이며, 암호화폐를 이해하는 사람일 것이다.

특히 암호화폐 투자자들은 현재 수많은 토큰 생태계 속에 성장 가능성 있는 디지털 자산을 표현한 암호화폐를 눈여겨봐야 할 것이다. 그런 암호화폐들만이 살아남을 것이기 때문이다.

2장

암호화폐는 과연 안전한가

김승주

고려대학교 정보보호대학원 교수. 암호학 전공으로 성균관대학교 대학원에서 박사 학위를 받았다. 대통령 직속 4차산업혁명위원회 위원, 서울특별시 스마트도시위원회 위원, 카카오뱅크 자문교수 등으로 활동하고 있으며, KBS 명견만리 〈초연결시대, 당신의 프라이버시를 공유하시겠습니까?〉, JTBC 차이나는 클라스 〈블록체인, 신세계인가? 신기루인가?〉, tvN 미래수업 〈당신의 미래를 훔친다! 언택트 범죄〉 등의 강연으로 대중에게 친숙하다.

비트코인은
어떻게 만들어졌는가

인터넷에서 물건을 구매할 때 대개 신용카드를 사용한다. 그러나 이 경우 우리가 어디서 무엇을 샀는지에 대한 내역이 고스란히 드러나게 돼 사생활 침해 논란을 불러일으킬 수 있다. 이를 인지한 암호학자 데이비드 차움David Chaum은 1982년 〈Blind Signatures for Untraceable Payments〉란 논문을 통해 사이버 공간에서 현금처럼 사용할 수 있는 추적이 불가능한 암호화폐를 최초로 제안한다.

그러나 디지털의 속성상 암호화폐는 실물화폐에 비해 불법 복제가 용이하기 때문에 중복 사용에 매우 취약하다. 즉 1,000원어치의 암호화폐를 가진 사람이 이를 복사해 2,000원 또는 그 이상의 위폐

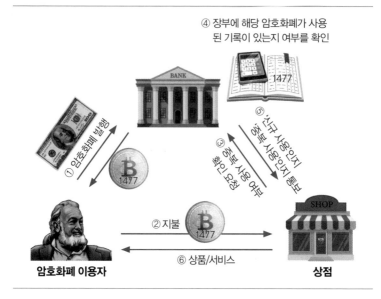

를 만들어 사용하기가 쉽다는 말이다. 이를 해결하고자 데이비드 차움은 [그림2-1]과 같이 은행으로 하여금 이러한 위폐의 유통을 감시토록 했다.

① **암호화폐 발행 단계** 사용자는 은행에 가서 일정 금액을 지불하고 그에 상응하는 암호화폐(일종의 싸이월드 '도토리')를 발급받는다. 이 과정에서 사용자의 신원이 드러나지 않게 하기 위해 은닉서명Blind signatures이라는 기술을 이용하는데, 여기서는 지면 관계상 생략하도

록 하겠다.

② **지불 단계** 사용자는 상점이나 전자상거래 사이트를 방문해 원하는 상품 또는 서비스를 선택한 후 암호화폐로 대금을 지불한다.

③ **위폐 검사 단계** 상점은 마치 신용카드 조회하듯 수령한 암호화폐에 적힌 일련번호를 은행에 통보한다. 이를 수신한 은행은 중앙서버에 보관하고 있는 장부와 대조해 해당 암호화폐가 과거에 사용된 적이 있는지 여부를 확인한다. 사용된 적이 없다면 은행은 이를 상점에 통보해주고 해당 일련번호를 장부에 기록한다.

④ **상품 배송** 상점은 상품을 사용자에게 배송한다.

데이비드 차움의 암호화폐가 탄생한 지 26년 후인 2008년 미국발 금융위기를 겪은 사토시 나카모토Satoshi Nakamoto는 자연스레 금융기관의 비대화·권력화에 대해 반감을 갖게 되었는데,* 이로 인해 중앙은행의 도움 없이도 스스로 동작할 수 있는 탈중앙화된 암호화폐, '비트코인Bitcoin'을 만들게 된다.

데이비드 차움의 암호화폐에서 사용자들의 모든 거래 내역은 금

---

* 비트코인의 창시자, 사토시 나카모토가 누구인지, 남자인지 여자인지, 살아 있는지 사망했는지, 개인인지 단체인지 등의 여부는 일절 알려진 바가 없다. 하지만 다음 글을 통해 우리는 당시 사토시 나카모토가 기존 금융 시스템에 대해 상당한 적개심을 갖고 있었음을 미뤄 짐작할 수 있다. "중앙은행은 법정통화 가치에 논쟁의 여지가 없도록 신뢰를 받아야 하지만, 화폐의 역사는 그런 신뢰를 완전히 저버린 사례로 가득하다. 은행은 우리의 돈을 안전하게 보관해야 하지만, 그들은 무분별한 대출로 신용버블을 유발했다."

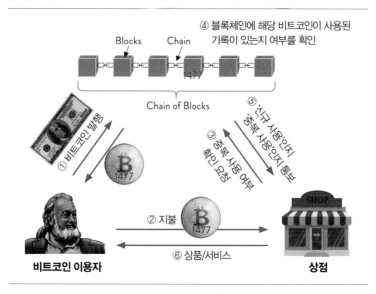

[그림2-2] 사토시 나카모토의 탈중앙화된 암호화폐(비트코인)의 동작 원리

④ 블록체인에 해당 비트코인이 사용된 기록이 있는지 여부를 획인

Blocks　　Chain

1477

Chain of Blocks

① 비트코인 발행

1477

② 지불

1477

⑥ 상품/서비스

③ 정당 사용 여부 확인

⑤ 신규 사용인지 기존 사용인지 확인

비트코인 이용자

상점

SHOP

융사의 중앙서버에 저장·관리된다. 하지만 은행이 없는 비트코인의 경우 중앙서버 또한 없기 때문에 이를 대신할 메커니즘으로서 '블록체인Blockchain'을 활용한다([그림2-2]).

경찰이 없으면 시민들이 자경단을 구성해 스스로를 보호하듯이, 블록체인에서는 비트코인을 이용하는 모든 사용자가 은행을 대신해 매시간 일어나는 거래 내역을 실시간으로 감시하고 이 정보를 기록해 다른 사람들과 공유함으로써 위폐의 유통을 차단한다. 이 과정을 좀 더 자세히 살펴보면 다음과 같다.

2장 암호화폐는 과연 안전한가

① 예를 들어 비트코인 사용자 A, B, C, D, E가 있다고 가정하자. 이들은 각자 인터넷을 상시 감시하면서 사용된 비트코인들의 일련번호를 채집해 자신들의 컴퓨터에 있는 장부 파일에 기록해놓는다. 이러한 이유로 블록체인을 '분산 장부Distributed ledger'라고도 부른다.

② 누군가 상점이나 전자상거래 사이트를 방문해 원하는 상품을 선택한 후, 비트코인으로 대금을 지불한다.

③ A, B, C, D, E는 이 비트코인의 일련번호를 채집해 자신들의 컴퓨터에 보관하고 있던 장부 파일과 대조해봄으로써 해당 코인이 과거에 사용된 적이 있는지 여부를 확인한다. 만일 해당 비트코인이 과거에 사용된 적이 있는 코인이라면 A, B, C, D, E는 이를 상점에 통보해준다. 사용된 적이 없는 코인이라면 일련번호를 각자의 장부에 기록해놓는다.

문제는 실수든 고의든 간에 개별 사용자들의 컴퓨터에 보관돼 있는 장부의 내용이 서로 다를 수 있다는 것이다. 이럴 경우 똑같은 비트코인에 대해 어떤 사용자는 해당 비트코인이 과거에 사용된 적이 있다고 하고 또 다른 사용자는 사용된 적이 없다고 하는, 즉 의견이 불일치하는 경우가 발생하게 된다. 이처럼 분산돼 있는 컴퓨터상의 데이터가 실수든 고의든 불일치하는 현상을 '비잔틴 장군 문제Byzantine generals problem'라고 한다([그림2-3]).

[그림2-3] 비잔틴 장군 문제

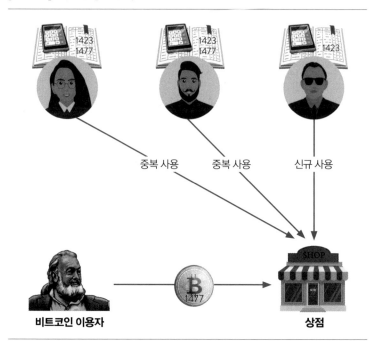

중복 사용 　 중복 사용 　 신규 사용

비트코인 이용자 　 **상점**

비잔틴 장군 문제를 해결하기 위해 블록체인에서는 다음과 같이 주기적으로 장부의 정확성을 확인하는데, 비트코인의 경우 이용자들은 10분 단위로 소유하고 있는 장부의 정확성을 검증한다.

① 비트코인 사용자 A, B, C, D, E는 각자 1MB 크기의 파일(일명 '블록')을 준비한 후, 인터넷을 상시 감시하면서 10분 동안 관찰된 비트코인들의 일련번호를 자신들의 파일에 기록한다. 이 중 A가 가장 먼저 이 작업을 완료했다고 가정하자. A는 작업을 마친 자신의 파일

을 다른 사용자들에게 전송한다. 그러면 이를 받은 B, C, D, E는 자신들이 작성하고 있던 파일과 대조해 A가 보낸 비트코인 사용 내역이 옳은지 여부를 검증한다. 모두가 옳다고 판정하면 A의 파일은 지난 10분간의 정당한 비트코인 거래 기록으로 인정돼 모든 사용자의 컴퓨터에 저장된다. 이렇게 만들어진 최초의 파일을 '제네시스 블록Genesis block'이라고 한다.

② 또다시 10분이 지났다. 이번에는 B가 비트코인 이용 내역을 가장 먼저 파일로 만들어 다른 사용자들과 공유했다. 모두가 이를 옳다고 인정하면 B가 공유한 파일은 앞서 A가 공유했던 파일과 사슬Chain처럼 연결된다. 이때 Ⓐ-Ⓑ를 '블록체인'이라고 하는데, 이렇게 2개의 파일이 연결되고 나면 해당 파일에 기록된 정보들을 수정하거나 삭제하는 것은 구성원 모두가 동의하지 않는 한 불가능하다.* 이러한 블록체인의 특성을 '불변성Immutability'이라고 한다.

연결된 2개의 파일 Ⓐ-Ⓑ는 중앙은행의 서버가 아닌 모든 구성원의 컴퓨터에 저장된다.** 즉, Ⓐ-Ⓑ에 기록된 내용이 구성원 모두에게 투명하게 공개되는 것이다. 이를 '투명성Transparency'이라고 한다.

---

* 이때 사용되는 것이 '해시 함수(Hash function)'라는 기술인데, 이를 이용해 2개의 파일을 연결하고 나면 파일에 기록된 정보들을 더는 수정하거나 삭제하는 것은 불가능해진다. 해시 함수란 임의의 데이터를 입력했을 때 정해진 크기로 압축해주는 함수로서, 불가역적(不可逆的)인 특성이 있기 때문에 압축된 결과로부터 원래의 데이터를 복원해내는 것이 기술적으로 불가능하다.
** 비트코인에서는 중앙은행이라는 것 자체가 존재하지 않는다.

③ 다시 10분이 지났다. 이번에는 거의 같은 시각에 사용자 C와 D가 각각 파일을 만들어 다른 사용자들과 공유했다고 하자. 그런데 C가 만들어 공유한 파일에는 10분간 9건의 비트코인 거래가 발생했다고 기록돼 있는 반면, D가 공유한 파일에는 10분간 총 10건의 거래가 발생했다고 되어 있다. 즉, 둘 중 하나에는 발생한 거래가 누락돼 있거나 아니면 실제로는 발생하지 않은 거래가 발생했다고 허위로 기록돼 있는 것이다. 어느 파일이 옳은지를 결정하기 위해 이제 구성원들은 투표에 들어간다. 만일 투표 결과 대다수 사용자가 D가 만든 파일이 옳다고 한다면, 이제 D의 파일은 앞서 사슬처럼 연결돼 있던 Ⓐ-Ⓑ의 뒤에 붙게 되고, 이제 블록체인은 Ⓐ-Ⓑ-Ⓓ와 같은 모양을 띠게 된다. 또한 Ⓐ-Ⓑ-Ⓓ 블록체인은 다시 모든 구성원의 컴퓨터에 똑같이 저장된다.

④ 이러한 과정이 매 10분마다 무한히 반복된다.

여기서 또 다른 문제들이 발생한다. 우선 인터넷 같은 비대면 환경에서는 이러한 투표를 통한 '자발적 합의Consensus'가 생각만큼 쉽지 않다는 것이다. 얼굴이 보이지 않으므로 가짜 계정을 이용한 투표 결과 조작에 취약하다. 즉, 불순한 의도를 가진 사용자가 허위로 여러 개의 ID를 만들어 틀린 블록을 옳다고 투표할 경우 제대로 된

[그림2-4] 시빌 공격을 막기 위해 블록체인에 적용된 PoW

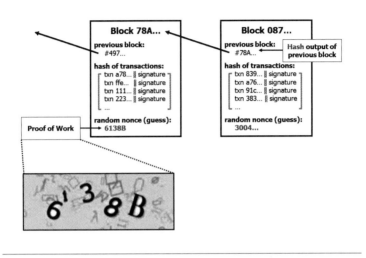

중복 사용 감시가 어렵게 된다.[*]

　사토시 나카모토는 이러한 문제를 해결하기 위해 사용자들이 블록을 만들어 공유하거나 투표할 때마다 반드시 캡차CAPTCHA 같은 복잡한 암호퍼즐을 풀게끔 설계해놓았다. 즉, 가짜 계정을 만든 사람이 허위로 여러 사람인 것처럼 위장하기 위해서는 그만큼 여러 개의 암호퍼즐을 빠른 시간 안에 혼자서 풀어내야 하므로 투표 조작이 어렵도록 한 것이다. 이를 일컬어 '작업증명PoW: Proof of Work'이라고 하

---

* '드루킹' 일당이 여러 개의 허위 개정을 이용해 댓글을 조작한 경우를 생각해보자. 이를 전문적인 용어로 '시빌 공격(Sybil attacks)'이라고 한다.

는데, 이렇게 해서 만들어진 블록의 실제 모습은 [그림2-4]와 같다. 그림에서 각 블록은 고유의 일련번호를 갖고 있으며, 직전 블록과 해시 함수를 통해 연결돼 있다. 모든 블록은 10분간 발생한 비트코인 사용 내역 정보를 담고 있으며, 맨 마지막에 암호퍼즐을 풀었다는 증거인 PoW 값을 담고 있다.

두 번째 문제는 사용자들이 이러한 과정들을 자발적으로 하게끔 유도하는 일이 생각만큼 쉽지 않다는 것이다. 사토시는 이를 위해 옳은 블록을 가장 처음 만든 사람에게 일종의 보상(인센티브)으로서 비트코인을 제공했다. 이처럼 PoW를 포함한 온전한 블록을 가장 먼저 생성해 공유한 대가로 암호화폐를 받는 행위를 '채굴Mining'이라고 한다. "암호화폐 비트코인과 블록체인은 기술적으로 분리할 수 없다"라는 말은 바로 여기서 기인한 것이다.

하지만 매 10분 블록을 만들 때마다 계속해서 보상으로 비트코인을 지급할 경우 인플레이션(물가 상승)에 빠질 수 있다. 이러한 문제를 막기 위해 비트코인은 약 4년마다 보상액이 절반으로 떨어지도록 설계됐다. 즉, 2009년 초기 보상액이 50비트코인이었던 것이 2013년에는 25비트코인, 2016년에는 12.5비트코인으로 계속 줄어들게 되는 것이다.*

---

* 이렇듯 약 4년을 주기로 비트코인 인센티브가 절반씩 떨어지는 것을 '반감기(半減期)'라고 한다.

2장 암호화폐는 과연 안전한가

이렇듯 끊임없이 반으로 줄어들게 되면 2140년경 약 2,100만 개의 비트코인이 모두 생성되고 난 후부터 더는 보상을 줄 수 없게 된다. 사토시 나카모토는 이럴 경우 신용카드 수수료를 떼듯 비트코인 사용 수수료를 떼 보상금을 충당할 수 있도록 했다.

이상의 내용을 종합해서 블록체인 생성 및 합의, 그리고 채굴 절차를 한번에 설명하면 다음과 같다.

① A, B, C, D, E는 각자 1MB 크기의 블록을 준비한 후, 10분 동안 사용된 비트코인들의 일련번호를 각자의 블록에 기록한다. 이 중 A가 가장 먼저 이 작업을 완료하고 암호퍼즐까지 풀었다고 가정하자. A는 작업을 마친 파일을 다른 사용자들에게 전송하고, 이를 수신한 B, C, D, E는 A가 보낸 비트코인 사용 내역이 옳은지를 확인한다. 모두가 옳다고 판정하면* A의 파일은 지난 10분간의 정당한 비트코인 거래 기록으로 인정돼 모든 사용자의 컴퓨터에 저장되고, 인센티브 50비트코인은 A의 계좌**로 자동 입금된다. 2021년 5월 현재 기준으로 정확한 인센티브는 6.25비트코인이다.

② 또다시 10분이 지났다. 이번에는 B가 비트코인 이용 내역을 가장 먼저 파일로 만들고 암호퍼즐을 풀어 PoW 값까지 생성해낸 후

---

* 사용자들이 투표할 때도 시빌 공격을 막기 위해 암호퍼즐을 풀어야 한다.
** 블록체인에서는 이러한 계좌를 '전자지갑 주소'라고 부른다. 단, 인터넷 뱅킹에서와 달리 전자지갑 주소 개설 시에 원칙적으로 '실명확인'을 하지 않아 익명성이 보장된다.

[그림2-5] 블록체인을 설계하는 다양한 방법

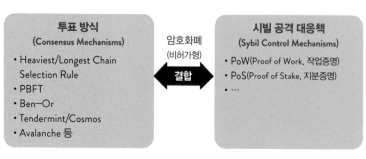

PoW & PoS ≠ Consensus Mechanisms

이를 다른 사용자들과 공유했다. 모두가 이를 옳다고 인정하면 B가 공유한 파일은 앞서 A가 공유했던 파일과 사슬(체인)처럼 연결된다. 그리고 인센티브 50비트코인은 B의 계좌로 자동 입금된다.

③ 다시 10분이 지났다. 이번에는 거의 같은 시각에 사용자 C와 D가 각각 파일을 만들어 공유했는데, C가 만든 파일과 D가 만든 파일의 내용이 서로 다르다. 이럴 경우 어느 파일이 옳은지를 결정하기 위해 구성원들은 투표에 들어간다.

만일 투표 결과 대다수 사용자가 D가 만든 파일이 옳다고 했다면, 이제 블록체인은 Ⓐ-Ⓑ-Ⓓ 같은 모양을 띠게 된다. 또한 Ⓐ-Ⓑ-Ⓓ 블록체인은 다시 모든 구성원의 컴퓨터에 똑같이 저장되게 되고,

인센티브 50비트코인은 D 계좌로 입금된다.

④ 이러한 과정이 매 10분마다 무한히 반복된다.

물론 모든 블록체인이 위와 같은 형태인 것은 아니다. 블록체인은 비잔틴 장군 문제를 해결하기 위해 채택한 투표 방식이 '안정성Safety 또는 Consensus finality 특성'과 '생존성Liveness 또는 Termination 특성' 중 무엇을 중시하는지, 시빌 공격을 막기 위해 적용된 기법은 무엇인지, 동기 부여를 위한 보상책은 어떻게 되는지 여부에 따라 [그림2-5]와 같이 다양한 조합이 가능하다. 이렇게 다양한 형태의 블록체인을 기반으로 여러 특색 있는 암호화폐를 만들 수 있는데, 이때 이더리움, 모네로, 리플 등 비트코인을 제외한 모든 암호화폐는 '알트코인Altcoin: Alternative coin'이라고 불린다.

플랫폼으로의 진화,
2세대 암호화폐 '이더리움'

○　　흔히 2세대 암호화폐라 불리는 '이더리움Ethereum'은 워털루 대학을 중퇴한 러시아 출신 캐나다인인 비탈릭 부테린Vitalic Buterin에 의해 개발되었다. 17살 때인 2011년 프로그래머인 아버지에게 처음 비트코인에 관한 이야기를 들은 뒤 그는 19세가 되던 2013년에 이더리움의 설계도에 해당하는 백서White paper, 〈A Next-Generation Smart Contract and Decentralized Application Platform〉을 발간하고, 2015년 이더리움을 일반에 공개했다.

이러한 공로를 인정받아 2014년 겨울, 비탈릭 부테린은 〈포브스〉와 〈타임〉이 공동 주관하는 '월드 테크놀로지 어워드'에서 마크 저커

버그Mark Elliot Zuckerberg 페이스북 창업자를 제치고 IT 소프트웨어 부문 수상자로 선정돼 전 세계에 파란을 일으키기도 했다.

이더리움의 특징을 단 한마디로 표현하자면, '월드 컴퓨터The world computer'라고 할 수 있겠다. 비트코인이 블록체인에 단순히 암호화폐의 거래 내역만 저장하는 반면, 이더리움은 블록체인상에서 화폐 거래 기록뿐 아니라 다양한 컴퓨터 프로그램 코드(일명 '스마트 계약')가 저장되고 실행될 수 있도록 했다.*

예를 들어 드루킹 일당이 고성능 서버를 구매해 댓글 조작을 위한 매크로 프로그램을 돌린다고 가정하자. 이 경우 서버를 구매하려면 비용도 비용이거니와 이를 제대로 설치·운영하는 일 또한 만만치 않다. 그러나 이더리움을 이용하면 간단하다.

우선 드루킹은 이더리움 블록체인상에 매크로 프로그램을 등록(저장)한다. 여기서 주목해야 할 것은 이 매크로 프로그램에는 '가스Gas'라고 불리는 일종의 현상금이 걸려 있어서 이 프로그램을 대신 실행시켜주는 이에게 보상으로 암호화폐를 자동 지급하도록 설계돼 있다는 점이다.

일단 블록체인상에 프로그램이 등록되면 원저작자라 할지라도 이

---

* 더 정확히 말하면 모든 사용자의 컴퓨터에는 자바(Java)에서와 비슷하게 EVM(Ethereum Virtual Machine)이 설치돼 있으며, 프로그램 코드(일명 '스마트 계약')는 이 EVM상에서 실행된다. 한 사용자의 컴퓨터에서 스마트 계약 코드가 실행되고 나면 이 결과는 다시 블록체인에 저장·공유되기 때문에, 다른 사용자들이 이전의 작업을 계속 이어서 수행하는 것이 가능하다.

를 수정하는 것은 원천적으로 불가능하며, 모든 사용자에게 투명하게 공개된다.

이제 이더리움 사용자 중 원하는 사람은 누구나 이 매크로 프로그램을 대신 실행시켜주고 이에 대한 보상을 받을 수 있으며, 드루킹 일당은 더는 고성능 서버 때문에 골치 썩이지 않아도 된다.

대중에게 멀고 어렵게만 느껴졌던 블록체인 및 스마트 계약을 실생활에서 이용하는 방법을 훌륭하게 보여준 첫 사례가 바로 액시엄 젠Axiom Zen의 〈크립토키티CryptoKitties〉라는 게임이다.

2017년 11월에 출시돼 이더리움 네트워크를 마비시킬 정도로 선풍적 인기를 끌었던 〈크립토키티〉는 디지털 고양이를 수집하거나 교환할 수 있는 펫Pet 수집·육성 게임의 일종으로 게임 자체는 단순하다. 암호화폐를 이용해 각자 고유한 유전자를 갖고 있는 고양이들을 사서 수집하고, 서로 다른 종과 교배해 새로운 유전자를 지닌 종을 탄생시키면 된다. 마음에 들지 않으면 팔면 되고, 원하는 고양이가 있다면 사면 된다.

그러나 기존 펫 게임들과 다른 점은 블록체인 기술을 사용하므로 한 번 구매하고 나면 각 고양이는 게임 회사가 망하더라도 영원히 내 것이 되며, 불법 복제나 위·변조도 불가능하다. 즉 게임 아이템이 영구히 내 재산이 되는 것이다. 바로 이러한 특징으로 인해 〈크립토키티〉 출시 이후 1만 달러 이상의 고양이가 100마리 이상 거래됐고,

[그림2-6] 액시엄 젠사의 〈크립토키티〉

심지어 몇몇 이용자는 10만 달러 이상의 고양이를 거래(2018년 4월 기준)하기도 했다.

이런 〈크립토키티〉 같은 유의 프로그램들을 탈중앙화 앱, 줄여서 '댑DApp: Decentralized App'이라고 한다. 구글과 애플이 직접 스마트폰 앱 (소프트웨어)을 만들지 않고 구글 플레이 스토어나 애플 앱 스토어를 통해 다른 개발자들이 자신이 만든 앱을 업로드할 수 있는 공간만을 제공하듯, 이더리움은 사람들이 개발한 댑을 올릴 수 있는 공간을 제공한다. 바로 이러한 이유로 이더리움은 비트코인과 같이 단순한 화폐가 아니라 '화폐인 동시에 플랫폼', '다른 코인의 개발을 도와주는 코인'*이라고 불리며 혹자는 비트코인을 '황금'에, 이더리움을 '석유'에 비유하기도 한다.

---

* 암호화폐가 독립된 자체 블록체인(일명 '메인넷')을 이용해 만들어졌을 경우 코인(Coin)이라고 부른다. 예를 들면 비트코인, 이더리움 등이 여기에 해당한다. 반면 독립된 블록체인을 이용하지 않은 경우 토큰(Token)으로 부른다. 전 세계 토큰의 표준인 ERC-20(Ethereum Request for Comment-20) 토큰의 경우 이더리움 블록체인을 기반으로 만들어지며 댑(DApp)에서 사용될 수 있다.

2장 암호화폐는 과연 안전한가

n번방과 다크 코인, '모네로'

○ 일반적으로 비트코인 같은 암호화폐들은 익명성을 보장한다. 그런데 대포통장도 하나의 대포통장을 여러 번 반복해서 사용할 경우 사용 패턴이 드러나면서 꼬리가 밟히게 되듯이 비트코인도 마찬가지로 추적당할 수 있다.

실제로 2017년 4월에 발표된 〈Virtual Currencies and their Relevance to Digital Forensics〉라는 논문에 따르면, 약 40%의 비트코인 사용자들은 추적이 가능하다고 한다.

물론 [그림2-7]과 같이 암호화폐 돈세탁 서비스를 제공하는 믹서('Mixer' 또는 'Tumbler') 사이트를 이용할 수 있겠으나, 이 경우 사이

[그림2-7] 유명 믹서 사이트 중 하나인 '비트코인믹서'

트 운영자를 무한 신뢰해야 한다는 것과 더불어 수사기관이 해당 사이트를 압수수색하는 경우 세탁한 암호화폐들을 추적하는 것이 가능해진다는 문제가 있다.

그래서 이러한 믹서의 도움 없이도 자체적으로 추적을 어렵게 하는 암호화폐 일명, '다크 코인Dark coin'들이 등장하게 된다.* 이러한 다크 코인 중에서 가장 유명한 것이 바로 n번방 사건으로 인해 악명을 떨친 '모네로Monero'다. 모네로에는 추적을 어렵게 하기 위해 [그림

---

* 이러한 종류의 암호화폐들을 '프라이버시 코인(Privacy coin)'이라고도 한다.

2-8] 같은 안전장치들이 내장돼 있다.

첫 번째는 '링서명Ring signatures'이다.* 링서명은 실제 서명자가 누군지를 감춤으로써 송금하는 사람이 누군지를 알아내기 어렵게 만든다. 모네로에서는 이러한 링서명을 생성하기 위한 키를 'Private Spend Key'라고 한다.

두 번째는 'RingCTRing Confidential Transactions'다. RingCT는 송금하는 액수를 감춰주는 역할을 한다. RingCT를 이용하면 실제 송금한 금액이 아닌 송금액을 암호화한 값이 블록체인상에 기록되게 된다. 예를 들면 실제로는 3비트코인을 이체했지만, 블록체인상에는 이 '3'에다 송금한 사람과 수신한 사람 둘만이 알고 있는 비밀 난수를 곱한 값을 기록하는 식이다. 예를 들면 (2+1)×17=3×17=51, 이때 3은 실제 이체한 금액이고 17은 비밀 난수다. 이렇게 하면 블록체인을 아

---

* 링서명의 원형인 그룹서명(Group signatures) 또한 데이비드 차움 박사에 의해 개발됐다. 공인(공동)인증서 등에서 사용하는 일반적인 전자서명은 누구나 쉽게 서명이 첨부된 문서의 출처와 진위를 확인할 수 있는 특징이 있다. 차움 박사는 이러한 공개 검증성(Public verifiability)이 사용자의 익명성을 과도하게 침해할 수 있다는 점에 주목했다. 예를 들어 다음과 같은 경우를 상상해보자. 별도의 구내식당이 없는 회사는 보통 근처 식당들과 제휴를 맺고 직원에게 식사를 제공한다. 이때 직원들은 사후 정산을 위해 장부에 서명을 남기게 되는데, 장부를 본 사람은 누구나 식당의 단골이 누구인지 쉽게 알 수 있다. 그룹서명은 바로 이러한 문제의식에서 비롯됐다. 차움 박사는 해당 전자서명이 특정 그룹(회사)의 소속원이 남긴 것임을 확인할 수 있지만, 소속원 중 누가 서명했는지는 알 수 없도록 하는 특수 서명 방식, '그룹서명'을 개발했다. 하지만 이 경우 부도덕한 직원이 가족까지 모두 데리고 와 공짜밥을 먹더라도 누군지 확인할 수 없다는 문제가 있다. 차움 박사는 이 문제를 해결하고자 그룹서명에 평상시에는 서명자가 누구인지 알 수 없지만, 마스터키를 가진 관리자는 원서명자를 추적할 수 있는 '익명성 취소' 기능을 내장했다. 차움 박사의 그룹서명은 향후 '링서명'으로 발전해 모네로 등에서 쓰이게 된다.

[그림2-8] 모네로의 추적을 어렵게 하는 안전장치

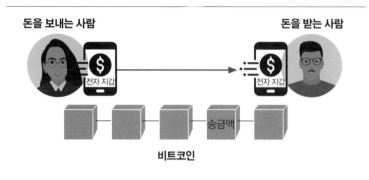

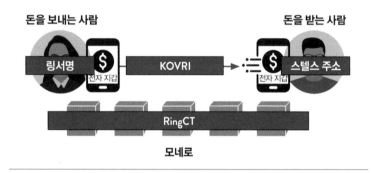

무리 뒤져도 비밀 난수값(17)을 알지 못하는 한 정확한 이체 금액을 파악할 수 없게 된다.

세 번째는 '스텔스 주소Stealth address' 또는 '일회용 주소One-time address'라는 기술이다. 스텔스 주소는 수신하는 사람의 계좌번호, 즉 수신자의 전자지갑 주소를 감춰주는 기술로 원리는 단순하다. 돈

[그림2-9] RingCT의 동작 원리

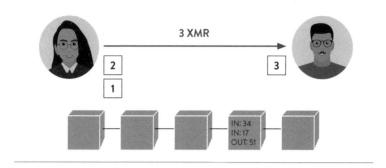

을 송금할 계좌번호와 이 계좌의 비밀번호(모네로에서는 이를 'Private View Key'라고 한다)를 송금자가 무작위로 생성한 후, 무작위로 생성된 계좌번호로 돈을 이체하고, 해당 계좌의 비밀번호는 암호화해 돈을 받을 사람에게 전달한다. 이렇게 하면 훗날 이 수신자는 비밀번호를 해독해 계좌에서 돈을 인출할 수 있게 된다.

이외에 'KOVRI'라고 하는 I2PInvisible Internet Project 라우터 기술이 있으나 여기서는 생략하도록 하겠다. 지금까지 보았듯 모네로는 별도의 믹서 사이트를 이용하지 않고도 암호화폐 자체적으로 계좌번호, 송금액 등을 감추는 기능을 내장하고 있으며, 이로 인해 이용자들의 사용 패턴을 찾기가 비트코인보다 훨씬 더 어렵다. 하지만 이러한 모네로조차 추적이 절대 불가능한 기술은 아니며 관련 연구들 또한 꾸준히 발표되고 있는 실정이다.

암호화폐는
과연 안전한가

암호화폐와 블록체인이 장밋빛 미래만 있는 것은 아니다. 거래소* 해킹 문제는 논외로 하더라도 합의를 통한 탈중앙화는 확장성 문제를 야기하고 있으며, 극대화된 투명성 및 불변성은 개인정보보

---

* 금융기관의 비대화·권력화에 대한 반감으로 데이비드 차움의 최초 암호화폐 모델에서 중앙은행을 배제시켰던 사토시 나카모토의 철학으로 봤을 때, 암호화폐거래소의 존재는 매우 모순적이라고 할 수 있다. 비트코인을 최초로 제안한 논문, 〈Bitcoin: A Peer−to−Peer Electronic Cash System〉에 따르면 사용자가 비트코인을 구할 수 있는 유일한 방법은 '채굴'을 통한 것이다. 그러나 비트코인 등 암호화폐 가격이 폭등하고 전용 장비로 무장한 전문 채굴업자들이 등장함에 따라 많은 사람이 보다 쉽게 암호화폐를 구할 수 있는 방법을 찾게 됐고, 이에 암호화폐를 가진 사람과 그것을 사고자 하는 사람을 연결시켜주고 그 대가로 수수료를 받는 거래소가 등장하게 되었다. 최근에는 중앙집중화된 기존 암호화폐거래소의 대안으로 탈중앙화된 암호화폐거래소(DEX: Decentralized EXchange)들이 등장하고 있다.

[그림2-10] 고성능의 전용 장비로 무장한 전문 채굴꾼

호 문제를 불러일으키고 있다.

실제로 10명 간의 합의보다는 100만 명이 투표해서 합의에 도달하는 데 훨씬 더 많은 시간이 걸리며, 최근 연구 결과에서도 볼 수 있듯이 블록체인상에 내 프라이버시를 침해할 수 있는 글이나 영상이 올려질 경우 이를 삭제하기란 매우 어렵다.

시빌 공격을 통한 투표 조작을 막기 위해 적용한 PoW 등의 기술은 과다한 전력 소모 문제를 발생시키고 있으며, 고성능의 전용 장비로 무장한 전문 채굴업자, 다른 사람의 컴퓨터를 이용해 몰래 비트코인을 채굴하는 봇넷Botnet 등의 등장은 일반 사용자의 자발적 참여를 저해하는 요인이 되고 있다.

이외에도 불완전한 익명성, 보안이 취약한 오픈소스 같은 것들 또한 암호화폐 활성화의 걸림돌로 작용하고 있다.

◯ 확장성 문제

블록체인은 한마디로 모든 구성원(컴퓨터)이 은행의 역할을 하도록 만들겠다는 것이다. 즉, 암호화폐 거래가 일어날 때마다 모든 구성원이 장부(블록)를 만들고, 그 만들어진 장부 중에서 구성원 대다수가 옳다고(정확하다고) 인정한 장부들만 서로 공유되도록 함으로써 중앙은행의 도움 없이도 부정 거래를 막겠다는 것이다.

그러나 모든 사람이 블록을 만들고 이를 확인하는 일은 생각만큼 그리 쉽지 않다. 사람들이 점점 더 많아져 초당 거래 수가 늘어나면 늘어날수록 이는 더욱 어려워진다. 10명이 초당 1건씩 거래를 일으킨다면 각자가 10건의 거래 내역을 블록에 기록하면 되겠으나, 100만 명이 초당 1건의 거래를 발생시킨다면 구성원 각자가 초당 100만 개의 거래 내역을 블록에 남기고 이를 검증해야 한다. 이는 곧 거래 승인 시간의 지연이라는 결과를 초래하게 되는데 이러한 것을 '확장성Scalability 문제'라고 한다.

확장성 문제를 가장 손쉽게 해결하는 방법은 블록을 만들고 검증하는 일을 소수에게 위임하는 것이다. 이를 '컨소시엄Consortium 블록체인' 또는 '프라이빗Private 블록체인'이라고 한다.

비트코인 및 이더리움에서 사용하고 있는, 누구나 참여할 수 있는 형태의 블록체인을 '퍼블릭Public 블록체인'이라 한다. 이는 '퍼

미션리스Permissionless 블록체인' 혹은 '비허가형(공개형) 블록체인'
이라고도 불리는데, 블록체인을 유지·관리하는 합의 과정에 구성
원 누구나 참여할 수 있다는 점에서 사토시 나카모토의 탈중앙화
Decentralization 철학을 가장 잘 반영한 블록체인이라 하겠다.

반면 합의 과정에 참여하려면 사전 승인이 필요한 형태의 블록체
인도 있는데 이를 '컨소시엄 블록체인' 또는 '프라이빗 블록체인'이라
고 한다. 프라이빗 블록체인과 컨소시엄 블록체인을 합쳐서 '퍼미션
드Permissioned 블록체인' 혹은 '허가형(폐쇄형) 블록체인'이라고도 부
른다. 이러한 형태의 블록체인은 미리 참가자를 제한하기 때문에 그
과정에서 신원이 모두 밝혀져서 익명성이 보장되지 않으며, 합의 알
고리즘이 퍼블릭 블록체인에 비해 간단하고, 네트워크 운영에 참여
한 보상도 필요 없다. 기존의 중앙서버 방식에 비해 차별성이 없다는
비난에 항상 시달리기도 한다. 이러한 형태의 블록체인을 쓰는 암호
화폐로는 '리플Ripple', '코다Corda' 등이 있다.

◎ 개인정보보호 문제

블록체인이라는 기술은 다수가 데이터를 공유하는 것이니만
큼 데이터의 위·변조 방지Immutability나 가용성Availability 및 투명성

Transparency 확보 측면에서는 매우 뛰어난 장점이 있다. 반면 데이터가 여러 사람에게 공유되기 때문에 기밀성Confidentiality이나 개인정보보호 측면에서는 매우 취약한 구조를 지니게 된다.

실제로 2018년에 발표된 논문, 〈A Quantitative Analysis of the Impact of Arbitrary Blockchain Content on Bitcoin〉에서는 블록체인 내 약 2억 5,100만 건의 트랜잭션 중 1.4%에는 아동 포르노 링크, 저작권 침해, 사생활 침해, 정치적으로 민감한 콘텐츠, 악성 프로그램 등과 같은 비트코인과 무관한 데이터가 포함돼 있다고 지적한 바 있다.

물론 프라이빗 블록체인을 이용할 경우 이러한 문제를 손쉽게 해결할 수 있다. 그러나 이럴 경우 블록체인을 사용할 명분이 사라지게 된다. 혹자는 데이터를 암호화해서 공유하면 된다고 하는데, 암호화시켜 공유할 경우 해당 데이터가 옳은지 그른지를 확인할 수 없기 때문에 문제가 발생한다.

현재까지 알려진 가장 효과적인 방법은 온체인/오프체인On-chain/Off-chain 혼합 기법으로, 개인정보는 특정 서버(오프체인)에 두고, 요약 정보만 블록체인(온체인)에 올리는 방법이다. 예를 들어 블록체인으로 진료 기록을 공유할 때 진료 기록 원본은 내 휴대폰에 두고, 요약 정보만 블록체인에 올리는 것이다. 그러나 이는 처리 속도가 빨라지고 위·변조 방지에는 효과가 있는 반면 블록체인의 투명성과 가용성 특성은 훼손되는 단점이 있다.

이외에 '영지식 증명Zero-knowledge proof'이라는 기술을 사용할 수 있다. 영지식 증명은 말 그대로 아무것도 알지 못한다는 '영지식'과 '증명'의 합성어로서, 상대에게 무언가를 증명하는 것에 있어 제3자나 상대방이 내 비밀정보와 관련한 그 어떠한 지식(정보)도 얻지 못하게 하는 방법이다.* 실제로 지캐시Zcash 등 몇몇 암호화폐가 이 기술을 사용하고 있는데, 문제는 이를 실용적으로 구현하는 게 그리 쉽지 않으며, 빠르게 동작하도록 만들기 위해서는 또다시 중간중간에 신뢰기관을 필요로 한다는 점이다.

◎ 탈중앙화 문제

삼성의 고故 이건희 회장이 경영진에게 항상 강조했다는 '업業의 본질'이 화제가 된 적이 있다. 지금 하는 일의 본질과 특성을 정확히 이해하고 그에 맞는 사업의 방향과 전략을 세우라는 것으로, 보험업은 사람을 모집하는 것이 중요하고, 증권업은 상담하는 것이 핵심이

---

* 조금 더 정확히 설명하자면, 영지식 증명이 되려면 (1) 상대방이나 제3자에게 나만이 알고 있는 그 어떠한 비밀 정보도 노출시키지 않아야 하고, (2) 비밀 정보가 누구에게도 노출되지 않았다는 사실을 수학적으로 명백하게 입증할 수 있어야 한다.

며, 시계는 패션산업, 백화점은 부동산업, 호텔은 장치산업, 가전은 조립양산업, 반도체는 양심산업이자 시간산업이라는 것이다. 이렇게 업의 개념을 파악하고, 이를 경영의 근간으로 삼아 실천해 나갈 때 해당 사업은 비로소 성공할 수 있다.

그렇다면 블록체인의 업의 본질은 무엇일까? 아마도 소수의 기관 또는 사람에게 집중된 관리·통제 권한의 분산, 즉 '탈중앙화'일 것이다.

이러한 탈중앙화의 개념을 블록체인이 최초로 제안한 것은 아니며, 1970년대부터 많은 학자가 구성원 간의 합의를 바탕으로 한 다양한 탈중앙화 기술을 발표해왔다.

그러나 기존 탈중앙화 기술의 경우 합의에 참여할 사람들이 선거 인명부처럼 사전에 정해져 있어야 했던 반면, 블록체인의 경우 합의에 참여하는 사람의 수에 제한이 없으며 언제든지 본인의 의사에 따라 자유롭게 합의 과정에 참여하거나 빠지는 것이 가능했다. 이를 우리는 '비허가형 합의' 또는 '나카모토 합의'라고 부르며, 이러한 자유로운 참여나 탈퇴에도 불구하고 안정적인 탈중앙화가 이뤄지도록 하는 근간에는 바로 암호화폐를 통한 인센티브 시스템이 있었다.

이러한 점에 비춰볼 때 보다 더 정확한 블록체인 업의 본질은 '비허가형 합의에 바탕을 둔 탈중앙화'라고 봐야 할 것이며, 누구나 자유롭게 참여할 수 있기에 항상 '글로벌 비즈니스'를 염두에 둬야 할 것이다. 그렇다면 현재 국내의 블록체인 산업은 이러한 업의 본질을 잘 지키고 있는가? 아쉽게도 그렇지 못한 것이 현실이다.

블록체인의 킬러 앱이 될 것으로 기대를 모으고 있는 DID(De-centralized IDentity, 분산신원증명) 서비스를 비롯해 디지털뉴딜과 관련해 추진 중인 7대 분야(온라인 투표, 기부, 사회복지, 신재생 에너지, 금융, 부동산 거래, 우편 행정) 블록체인 사업, 그리고 부산 블록체인 규제자유특구에서 진행하고 있는 거의 모든 사업이 컨소시엄 또는 프라이빗 즉, '허가형 블록체인'을 기반으로 진행되고 있다.

여기서 허가를 내주는 주체가 있다는 건 곧 그 네트워크 자체가 일정 부분 중앙화됐다는 것을 의미하므로 진정한 의미의 탈중앙화를 목표로 한다고 보기 어렵다. 굳이 블록체인을 쓰지 않더라도 기존 기술을 활용해 충분히 구현이 가능하기에 막대한 세금을 투입해 시급하게 추진해야 할 명분을 찾기 힘들다.

물론 블록체인마다 용례가 다를 수 있으며, 이용 사례에 따라 탈중앙화 수준을 다르게 설정해야 할 수도 있다. 비허가형 합의에 바탕을 둔 탈중앙화 기술을 개발한다는 것은 매우 어려운 일이며, 확장성 및 개인정보보호 면에서 해결해야 할 문제점들 또한 있는 것도 사실이다. 하지만 그렇다고 해서 업의 본질을 망각한 채 구성원 간의 견제 장치가 전혀 없는 무늬만 탈중앙화인 흉내 내기식 블록체인들, 목표 달성이 그리 어렵지 않은 고만고만한 난이도의 사업들만이 난무하게 된다면 우리는 계속 블록체인의 변방에만 머물게 될 뿐이다.

블록체인 업의 본질에 대한 우리 정부 및 관련 산업계의 진정한 고민이 필요하다 하겠다.

◯ 과도한 전력 소모 문제

블록을 생성하는 데 시간이 가장 많이 걸리는 곳은 암호퍼즐을 풀어 PoW 값을 계산해내는 부분이다. 암호화폐의 가격이 폭등하면서 보상을 노리는 사람들은 누구보다 빨리 블록을 생성·전파하기를 원했고, 그 결과 컴퓨터의 성능을 업그레이드할 수 있는 그래픽 카드는 품귀 현상까지 빚게 됐다. 더 나아가 고성능 병렬 컴퓨터로 무장한 전문 채굴업자들까지 등장하게 되었으며, 이들이 소비하는 연간 전기량은 2021년에 말레이시아나 스웨덴이 1년간 사용하는 전기량(2019년 기준)을 추월할 것으로 예측되고 있다.

수천수만 대 컴퓨터를 24시간, 365일 내내 가동하고 열기를 식히기 위한 냉방까지 필요로 하는 암호화폐 채굴이 전기 요금이 상대적으로 싼 저개발 국가를 중심으로 만연하면서, 채굴을 단속하거나 금지하는 나라가 속출하고 있으며 빌 게이츠 마이크로소프트 창업자 또한 "비트코인은 인류에게 알려진 그 어떤 방식보다도 많은 거래당 전기를 소비한다. 거래마다 평균 이산화탄소 300kg을 생산한다"라며 비판하기도 했다. 더욱이 채굴 공장이 집중돼 있는 중국의 경우, "비트코인 채굴을 이대로 둔다면 2060년에는 탄소 중립을 실현한다는 국가적 목표에 차질이 생긴다"라고 경고하기도 했다.

다행히 이러한 문제를 해결하고자 비트코인과 달리 전력을 덜 쓰는 PoS 등 다양한 방식이 연구·개발되고 있기는 하지만 대중화되려면 아직은 시간이 필요할 것으로 보인다.

◯ 오라클 문제

블록체인상에 한번 기록된 정보는 기록한 당사자나 관리자라 할지라도 수정 및 삭제가 불가능한 만큼, 투명성(신뢰성) 확보가 중요한 응용에 요긴하게 사용될 수 있다. 그러나 실수든 고의든 처음부터 블록체인상에 잘못된 허위 정보가 기록된다면 이는 블록체인 자체로는 막을 수 없으며, 오히려 블록체인의 불변성으로 인해 정보의 수정이 불가능하게 되어 일반적인 경우보다 상황이 더 악화될 수 있다.

이렇듯 블록체인은 온라인과 오프라인이 만나는 접점에서 가장 취약할 수 있는데, 이를 '최초 1마일 문제' 혹은 '오라클Oracle 문제'라고 한다. 오라클은 정보를 어디서 가지고 오느냐에 따라 소프트웨어 오라클과 하드웨어 오라클로 나뉜다. URL 등의 소프트웨어를 통해서 온라인 정보를 갖고 오는 것을 소프트웨어 오라클이라 하고, 자율주행차나 스마트 팜 등에서 센서를 통해 정보를 갖고 오는 것을 하드웨어 오라클이라고 한다.

그러나 오라클 문제를 해결하는 것은 그리 간단하지 않다. 이를 해결하려면 우선 중앙의 신뢰기관이 없는 상태에서 누구로부터 정보를 받아와야 하는지가 결정되어야 하며, 둘째로 이렇게 받아온 정보가 얼마나 신뢰할 수 있는 것인지가 결정돼야 한다. 이외에도 이 정보를 가져오는 도중에 누군가 바꿔치기하지는 않았는지를 검증할 수 있는 방법 등이 마련돼 있어야 한다.

어떤 범위까지
활용될 수 있으며, 무엇이 문제인가

○　　당초 비트코인의 중복 사용을 막기 위해 고안된 블록체인
은 시간이 흐르면서 보다 더 다양한 분야에서 활용되게 된다. 블록
체인이 갖는 (1) 구성원 간 합의를 통한 탈중앙화Decentralization, (2) 투
명성Transparency, (3) 불변성Immutability, (4) 가용성Availability (5) 스마트 계
약Smart contract 등의 특징은 중개수수료가 최소화된 P2P 직거래 시
스템을 가능케 함으로써, '라주즈LaZooz', '슬로킷Slock.it', '오픈바자
OpenBazaar', '스팀잇Steemit', '디튜브D.Tube: Decentralized Youtube' 등과 같은
새로운 서비스를 탄생시켰다.

블록체인판 우버로 불리는 이스라엘의 라주즈는 차량의 상태가

[표 2-1] 블록체인 특징

탈중앙화	투명성	불변성	가용성
중앙 관리자의 역할을 참여자가 분담해 협동조합형 경제 모델을 구축하는데 용이하다	참여자 간 모든 정보가 공유돼 정보의 비대칭성을 해소한다	참여자 간의 합의 이후에는 원저작자라 할지라도 기록된 내용을 수정하거나 삭제하는 것이 불가능하다	데이터가 여러 곳에 중복 저장되므로, 데이터 파괴로 인한 시스템 마비에 효과적으로 대응할 수 있다

블록체인에 저장되고 검색되며, 승객은 이 회사에서 만든 암호화폐 '주즈'로 대가를 지불한다. 라주즈에서는 중개인이 없으니 중개수수료가 필요 없으며, 요금도 암호화폐로 결제해 이체·카드 수수료가 발생하지 않는다. 특히 라주즈 생태계가 발전하면 할수록 '주즈'의 화폐 가치도 상승해 암호화폐를 나눠 가진 생태계 구성원 모두가 이익을 공유하게 된다. 마치 서로 주식을 나눠 가진 것처럼 말이다.

이외에도 독일 스타트업 슬로킷은 에어비앤비의 사업 모델에 블록체인 기술을 적용해 사업화했으며, 캐나다의 쇼핑몰 오픈바자는 블록체인 기술을 이용해 중개인이 없는 아마존을 만들어냈다. 스팀잇, 디튜브 등은 검열이 불가능한 블로그 및 유튜브 서비스를 가능케 하고 있으며, 유니세프에서는 기부자로부터 모금을 받아 수혜자에게 전달하기까지의 전 과정을 블록체인에 기록하고, 기부자가 집행 내역을 스마트폰으로 쉽게 확인할 수 있는 플랫폼을 구축해 기부금 운영의 신뢰성을 강화했다.

이 같은 다양한 영역 중에서도 최근 특히 주목받고 있는 블록체인 응용처가 신원인증, 스마트시티 및 인공지능AI, 금융 분야다.

◎ DID 모바일 신분증

플라스틱으로 된 주민등록증이나 운전면허증을 가지고 다니지 않아도 본인임을 증명할 수 있는 디지털 신분증 시대가 우리나라에서도 본격적으로 열리고 있다. 정부는 최근 한국판 '디지털 뉴딜'을 발표하면서 비대면 경제 인프라 요소로 DIDDecentralized IDentity 모바일 신분증을 적극 활용하기로 했으며, 신속한 대중화를 위해 과학기술정보통신부, 기획재정부, 행정안전부, 금융위원회, 병무청 등 정부 부처를 비롯해 한국인터넷진흥원KISA, 금융보안원, 한국전자통신연구원ETRI, 조폐공사, 부산시청 등 13개 정부 및 유관 기관이 참여하는 '민관합동DID협의체'를 발족했다.

행정안전부는 17억 6,300만 원 규모의 블록체인 기반 모바일 공무원증 구축 사업을 발주했으며, 이를 기반으로 향후 DID 모바일 신분증을 장애인등록증, 운전면허증 등으로 확대 적용해 나갈 계획이다.

DID 모바일 신분증의 핵심은 '스마트폰'과 '분산 네트워크 기술'

[그림2-11] DID 모바일 신분증 구조

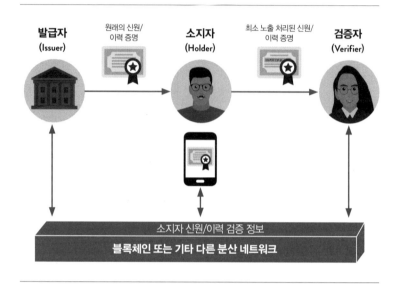

발급자
(Issuer)

원래의 신원/
이력 증명

소지자
(Holder)

최소 노출 처리된 신원/
이력 증명

검증자
(Verifier)

소지자 신원/이력 검증 정보

블록체인 또는 기타 다른 분산 네트워크

로, 각종 신분증과 증명서를 개인 스마트폰에 보관할 수 있게 함으로써 사용 편리성을 강화하고, 이때 발생할 수 있는 위·변조 문제는 '블록체인' 같은 분산 네트워크 기술을 이용해 해결한다. 여기에 더해 '영지식 증명 기술'을 활용함으로써, 신원 증명 시 모바일 신분증상에 기록된 개인정보 중 필요 최소한의 정보만 노출되도록 하고 이때 노출된 정보는 다른 곳에는 활용할 수 없게 해 '개인정보 자기 결정권(자신의 개인정보를 본인 스스로 관리·통제하는 것)'을 강화한다.

전 세계적으로 DID 시장은 주목받고 있다. 자이온Zion, 포춘 비즈니스 인사이트 등 글로벌 리서치 기관에 따르면 글로벌 DID 인증 시장은 2021년 101억 달러에서 2025년 252억 달러 규모로 성장할 것으로 전망된다. 마이크로소프트는 2020년 6월 홈페이지를 통해 오픈소스 DID 솔루션인 '아이온ION: Identity Overlay Network'의 퍼블릭 베타 버전을 론칭했으며, 글로벌 IT 기업인 IBM을 비롯해 요티YOTI, 시큐어키SecureKey, 블록스택BlockStack 등 여러 스타트업의 도전도 활발히 이어지고 있다.

문제는 국내 DID 모바일 신분증 사업의 추진 방향이 글로벌과는 다소 거리가 있다는 점이다. 해외의 경우 블록체인 외에도 다양한 분산 네트워크 기술을 활용해 DID를 구축하고 있다. 그러나 국내 시범 사업의 경우 블록체인 기반의 DID 일변도이기에 표준화 시 기술 중립성 확보에 어려움이 있을 수 있다.

더욱 큰 문제는 국내 DID 사업의 경우 특정 기업들에 지나치게 의존적이며, 대부분 허가형 블록체인에 기반하고 있어 폐쇄적이라는 점이다. 반면 마이크로소프트가 추진하고 있는 아이온의 경우, 사토시 나카모토의 비트코인 철학과도 일치하는 (1) 오픈소스Open source, (2) 개방형Public, (3) 비허가형Permissionless의 설계 원칙 아래 개발되고 있어, 마이크로소프트를 포함해 어떤 중앙화된 주체나 신뢰할 수 있는 중개인 없이도 독립적으로 운영될 수 있으며 무한한 글로벌 확장성을 제공한다.

데이터의 안전한 활용이 강조되는 4차 산업혁명 시대에 DID나 블록체인에 대한 정부나 기업의 관심은 환영할 만한 일이다. 그렇다고 해서 특정 기술이나 기업에 지나치게 의존하는 것은 곤란하다. 디지털 뉴딜의 제대로 된 성공을 위해 DID의 근본 철학과 기반 기술에 대한 냉철한 분석 및 다양한 접근법이 필요한 때다.

◯ 스마트시티는 왜 블록체인을 찾는가

세계적으로 도시는 인구 집중과 기반 시설 노후화로 인해 자원과 기반 부족, 교통 혼잡, 에너지 부족 등 다양한 문제와 마주하고 있다. 스마트시티는 이러한 필요성 때문에 등장한 개념으로, 도시에 정보 통신, 빅데이터, AI 등의 신기술을 접목해 제한된 자원의 사용을 최적화하고, 이를 통해 도시의 경쟁력과 시민의 삶의 질을 향상시킬 수 있도록 하는 도시 모델을 말한다.

미국은 2015년 '스마트시티 이니셔티브'를 발표한 뒤 대규모 투자를 해오고 있으며, 일본은 후쿠시마 원전 사고 이후 에너지·환경 분야를 중심으로 4개 도시에서 스마트시티를 진행하고 있다. 핀란드는 칼라사타마 스마트시티를 진행 중이며, EU·영국·싱가포르 등도 적극적으로 스마트시티 프로젝트를 추진하고 있다.

우리나라도 예외는 아니어서, 2018년에 '혁신성장 8대 선도사업'의 하나로 스마트시티를 선정한 후 현재 관련 기술 확보에 박차를 가하고 있는 실정이다. 여기서 흥미로운 것은 현재 부산광역시와 더불어 스마트시티 국가시범도시로 선정돼 있는 세종특별자치시의 경우 스마트시티에 블록체인 기술을 접목하겠다고 밝혔다는 점이다.

스마트시티에서는 미세먼지·주차·악취 같은 다양한 도시 데이터를 실시간으로 수집·분석한 뒤, 이를 정책 수립에 활용할 수 있도록 하는 것이 필수다. 문제는 도시 전체에서 수집된 방대한 데이터를 어디에 저장·보관할 것인가 하는 것이다.

알파벳(구글의 지주회사)의 도시 개발 자회사인 '사이드워크랩스 Side Walk Labs'가 캐나다 정부와 공동으로 '사이드워크 토론토'라는 스마트시티 프로젝트를 추진했었고, 알리바바가 중국 항저우시와 함께 '시티브레인' 건설을 추진하려고 계획했던 데서도 알 수 있듯 플랫폼 기업들에게 다양한 유형의 수많은 생활 데이터를 수집·분석하는 스마트시티는 보물창고와도 같다.

정부 입장에서도 최고의 빅데이터 분석 및 AI 기술을 보유한 대기업들이 함께한다면 스마트시티 구축이 더욱 순조롭게 진행될 수 있으니 좋다고 생각할 것이다. 하지만 구글, 알리바바 같은 거대 플랫폼 기업들이 스마트시티 같은 공공 영역의 데이터마저 사유화할 수 있게 된다면 이들 기업의 지배력과 영향력은 인터넷을 넘어 훨씬 더

[그림2-12] 스마트시티와 블록체인의 상관관계

군건해지게 될 것이다. 기존 유저가 이탈하지 못하는 록인Lock-in 현상 은 더욱 심화돼 나중에는 도시 전체가 한두 기업에 의해 좌지우지되 는 웃지 못할 상황이 벌어질 수 있다.*

이러한 문제를 해결하는 데 블록체인이 요긴하게 사용될 수 있다.

---

* 바로 이러한 이유로 시민단체인 캐나다자유인권협회(CCLA)는 2019년 4월 정부를 상대로 토론토 스마트시티 계약 무효와 즉각 중단을 요구하는 소송을 제기했으며, 결국 구글은 2020년 5월 스마 트시티 프로젝트를 포기한다고 밝혔다.

기존 인터넷 시대에는 포털 등 플랫폼에서 정보를 통제했지만, 블록체인상에서는 모든 사람이 정보를 공유하기 때문에 소수의 거대 기업이 정보의 독점이나 관리의 독점을 통해 과도한 이익을 취하는 행위를 막고 집단 지성을 활용해 합리적으로 스마트시티를 발전시켜 나가는 것이 가능해진다. 마치 앱 스토어를 통해 여러 사용자가 공동으로 스마트폰 생태계를 발전시켜 나가는 것처럼 말이다.

이때 우리가 주의해야 할 점이 있다. 스마트시티의 데이터를 담는 그릇으로 퍼블릭 블록체인을 사용할 경우 개인정보보호 이슈가 발생할 수 있다는 것이다. 그렇다고 해서 컨소시엄 또는 프라이빗 블록체인을 이용하겠다고 한다면 그것은 대단히 잘못된 선택이다. 컨소시엄 또는 프라이빗 블록체인의 경우 허가받은 소수의 사람만이 참여할 수 있으므로 독과점이나 정보의 집중 같은 부작용이 그대로 재현될 수 있기 때문이다. 이러한 한계들을 성공적으로 극복해낼 수만 있다면 블록체인은 분명 스마트시티의 핵심 인프라로서 자리매김하게 될 것이다.

◎ AI는 왜 블록체인을 찾는가

AI Crypto, AI Matrix, AICOIN, BotChain, DeepBrain Chain,

Neureal.net, Singularity Net, Synapse AI 등은 모두 AI에 블록체인을 접목시키는 프로젝트를 수행 중인 기업이다. 왜 이들은 이런 일을 하고 있는가.

AI는 미래의 가장 큰 먹거리이며 4차 산업혁명 시대에 우리가 반드시 선도해야 할 분야 중 하나다. 그러나 AI로 인한 부작용 또한 만만치 않은 것이 사실이며, 이 중 'AI 슈퍼파워의 등장 및 이들의 시장 독점'이 가장 심각하다.

AI 경쟁력의 핵심은 데이터에 있다. 데이터는 AI를 학습시키는 가장 기본적 인프라이며, 양질의 데이터가 축적될수록 AI 기술은 고도화된다. 실제 바둑 AI '알파고'로 저력을 과시한 구글은 세계 최대의 검색 엔진과 동영상 사이트 유튜브를 보유하고 있는데, 2020년 1월 기준으로 구글 검색 엔진은 분당 380만 건의 검색을 처리하고 유튜브에서는 분당 300시간 분량의 동영상이 업로드될 정도로 구글이 보유한 데이터의 양은 엄청나다.

문제는 이렇게 풍부한 데이터를 통해 AI 분야에서 우위를 선점한 기업 또는 국가는 다시 또 AI를 통해 양질의 데이터를 수집할 수 있게 되며, 시간이 흐를수록 이들의 시장 장악력은 더욱 견고해지고 심화돼간다는 것이다. 예를 들어 사용자의 음성 명령에 따라서 기능을 수행하는 AI 스피커는 사용자의 음성 데이터를 제조사의 서버로 전송하고, 제조사는 수집된 음성 데이터를 분석해 AI에게 더 다양한 이용자의 말투와 발음을 학습시킨다.

이렇게 더 많은 데이터를 학습한 AI 스피커는 이용자의 명령을 더 잘 알아들을 수 있게 되며, 음성 인식이 잘되는 AI 스피커는 더욱더 많이 팔리게 된다. 게다가 이들 기업은 수집한 데이터를 개방하거나 공유하지 않기에 독점 현상은 가속화되고 이들에 대한 의존도는 점점 심해져만 간다.

이렇게 AI 슈퍼파워를 보유한 기업들이 시스템을 조작할 수도 있다는 것이 더욱 우려스럽다. 그간 연구자들은 AI로 작동되는 알고리즘에 편향성이 있을 수 있다는 사실을 밝혀낸 바 있다. 얼굴 인식 AI 소프트웨어는 유색인종 여성을 식별하지 못했고, 범죄자를 구별해내는 데 흑인 미국인에게 편견이 있는 것으로 나타났다. 애플이 출시한 신용카드인 애플카드의 경우 신용 한도를 정할 때 사용한 AI 알고리즘이 여성을 차별한다는 의혹을 받고 있기도 하다.

물론 해당 기업들이 의도적으로 시스템을 조작했는지 여부는 아직 밝혀진 바 없다. 하지만 가까운 미래에 AI 파워를 독점한 기업이 나타난다면, 이들이 학습 데이터를 조작해 AI의 편향성을 키우고 사실을 호도할 수도 있다.

이러한 문제들을 해결하는 데 블록체인 기술이 유용하게 쓰일 수 있다. 탈중앙화된 블록체인이 갖는 높은 개방성과 접근성은 특정 기업이 데이터를 독점하는 것을 막고, 사용자에게 인센티브 형식으로 제공되는 암호화폐는 양질의 데이터를 모을 수 있게 함으로써, 소수 거대 플랫폼 기업들이 전 세계 AI 시장을 독점하는 부작용을 막을 수 있다. 블록체인이 갖는 불변성과 투명성은 AI 학습 데이터 편향성 문제에도 해결책을 제시할 수 있으며, 더 나아가 학습 데이터의 추적을 가능케 함으로써 '설명 가능한 AI Explainable AI'를 만드는 데 기여할 수도 있다.

최근 우리 정부는 'AI 국가전략'을 통해 "2030년까지 최대 455조 원의 경제 효과를 목표로 AI를 가장 잘 활용하는 나라를 만들겠다"라고 발표한 바 있다. 서두에 언급했듯 AI 경쟁력 확보는 국가적으로 매우 중요하다. 그에 못지않게 이에 따른 부작용은 없는지 꼼꼼히 챙겨보는 지혜가 필요하며, 블록체인은 이러한 부적용을 해결하는 데 꽤 효과적인 수단이 될 수 있다.

◯ 블록체인과 프로토콜 경제

박영선 전 중소벤처기업부 장관이 2020년 11월 처음 꺼내놓은 '프로토콜 경제'란 개념은, 모든 구성원이 합의된 프로토콜(규칙)을 만들고 이에 따라 성과를 분배케 함으로써 기존 플랫폼 경제의 독과점 문제를 해결하자는 것이다. 박 전 장관은 이를 '참여형 공정 경제 시스템'이라고 부르고 있지만, 쉽게 얘기하면 기존의 플랫폼 사업을 조합원이 우리사주가 되는 협동조합 형태로 바꿈으로써, 대부분 이익을 사업주가 독식하는 것이 아닌 구성원 모두가 이익을 공유하는 구조로 바꾸겠다는 것이다. 미국 증권거래위원회SEC는 우버Uber가 드라이버에게 연봉의 15%까지 주식으로 지급할 수 있도록 허용했는데 이것이 대표적인 프로토콜 경제의 사례라 할 수 있겠다.

한 언론사와의 인터뷰에서 박 전 장관은 "프로토콜 경제가 블록체인 경제를 의미하는 것은 아니다"라고 말했지만, 프로토콜 경제가 추구하는 이상과 블록체인이 추구하는 이상은 상당히 유사한 것이 사실이다. 문제는 블록체인이 그러하듯 프로토콜 경제 또한 이를 현실화시키기에는 여러 어려움이 따른다는 것이다.

우선 갈등과 리더십에 따른 문제를 꼽을 수 있겠다. 2015년 7월 택시기사들이 2,000~2,500만 원씩 출자해 국내 1호 택시 협동조합 '쿱Coop택시'를 출범시켰다. 기존 법인 택시는 회사가 기사에게 차를 빌려주고 대신 '사납금'이라는 명목으로 매일 번 돈의 일부를 가져간다. 반면 쿱택시는 조합이 일단 돈을 모두 모으고 매월 정산해 이익을 배당 형식으로 나눠 갖는 구조다.

쿱택시는 대구·광주·포항·경주에도 같은 모델의 조합 택시가 생겨날 만큼 출범 후 2년 동안 안정적으로 운영됐다. 하지만 경영진과 조합원 간의 반복적인 갈등은 경영난으로 이어졌고, 결국 2020년

11월에 기업 회생 절차를 신청하기에 이르렀다. 협동조합에서 이사장과 임원진의 의견은 동일한 1표의 의결권을 가진 수평적인 존재이기 때문에 아무래도 조합원들의 발언권이 강할 수밖에 없다. 따라서 협동조합은 일반 회사보다 더 낮은 갈등 수준에서 갈등이 표면화되는 경우가 많다. 마치 블록체인에서의 '하드포크Hard fork'처럼 말이다.

또 다른 문제는 기술적으로 구현 가능한지 여부다. 프로토콜 경제에서는 약속한 규칙이 명확성과 지속성을 갖는 것이 무엇보다 중요하다. 이를 효과적으로 달성하려면 규칙을 블록체인상에 영구히 프로그래밍해놓기 위한 스마트 계약 기술과 이익의 공유를 보다 쉽고 간편하게 하기 위한 암호화폐가 필수다.

하지만 이게 그다지 만만치가 않다. 규칙이란 것은 계약을 의미하며 계약이란 법적 효력을 가져야 하는데 블록체인상의 프로그램 코드(스마트 계약)가 과연 수많은 법 조항을 상세하게 표현하는 것이 가능하겠느냐와, 또 그것이 법적 효력을 가질 수 있겠냐는 것이 가장 큰 문제다. 물론 현실 세계와 코드의 틈을 해결하기 위해 '리카르디안 계약Ricardian contract'이란 것이 존재하기는 하나 보편화되기에는 아직 이르며, 더욱이 인터넷에는 국경이 없기에 법적 관할권 문제까지 발생할 수도 있다.

이상에서 언급했듯이 프로토콜 경제를 실현하려면 아직도 많은 난제가 산적해 있는 것이 사실이다. 그러나 관련 기술과 제도가 설익은 상태에서 무리하게 추진되지만 않는다면, '공존과 상생'이라는 이상의 효과적인 실현이라는 관점에서 우리 정부가 충분히 관심 가져 볼 만하다 하겠다.

◎ 금융의 미래, 디파이

최근 블록체인업계에서는 '디파이DeFi'라는 말이 유행이다. 디파이는 '블록체인 네트워크상에서 스마트 계약과 암호화폐를 이용해 동작하는 탈중앙화된 금융 서비스'를 일컫는 것으로서, 2017년 '메이커다오MakerDAO 프로젝트'를 통해 본격적으로 알려지기 시작했으며 이후 다양한 방식의 탈중앙화된 유동성 공급 기술들이 등장하면서 급성장했다.

2019년 9월에 발간된 〈헥슬란트Hexlant 보고서〉에 따르면 디파이를 기존 금융 시스템과 구별 짓는 주요 특징은 (1) 허가, (2) 운영 주체, (3) 중개인, (4) 투명성, (5) 검열 방지, (6) 프로그래밍 가능 여부 등 6가지다. 우선 디파이에서는 원하는 사람은 누구든지 네트워크를 통해 자유롭게 금융 서비스, 즉 송금, 결제, 예금 및 적금, 담보대출, 금융투자, 증권 거래, 보험 등을 이용하는 것이 가능하다.

금융 거래 시 특정한 서비스 운영 주체(금융기관)나 중개인의 개입을 필요로 하지 않는다. 단순히 이자율과 같은 정보뿐만이 아니라 고객들로부터 예치된 자금이 어떤 경로로 흘러 얼마의 수익을 내고 어떻게 배분되는지 등과 같은 금융 로직까지 투명하게 공개되며, 독점적 권한을 가진 개인이나 조직 또는 외부의 강제력에 의해 특정 거래가 무효화 또는 변경된다거나 운영이 중단되지 않는다. 끝으로 기존의 금융 서비스들이 사람 또는 사람들로 이뤄진 특정 조직의 중개에 의해 이뤄졌다면 디파이에서는 프로그램 코드가 이를 대신한다.

더욱이 디파이에서는 관련된 모든 프로그램 코드가 오픈소스로 투명하게 공개되어 있기 때문에, 누구나 이를 가져다가 자신이 만들고자 하는 금융 서비스에 접붙이는 것이 가능하다. '머니 레고Money lego' 시스템이라고도 불리는 이러한 특징은 소규모의 디파이 금융 서비스들이 자유롭게 서로 연결되고 조합되면서 점점 더 거대화되고, 이를 통해 금융 서비스 전반으로 영역을 확장해 나갈 수 있게끔 하는 주요 원동력이 된다.

그러나 이러한 디파이의 특성은 일부 프로그램의 취약성으로 인한 문제를 해당 프로그램과 연결된 다른 프로그램들 및 디파이 생태계 전체로까지 확대시킬 수 있기 때문에, 디파이에서 보안은 매우 중요한 요소 중 하나다. 문제는 이를 달성하는 것이 일반적인 경우보다 훨씬 더 어렵다는 데 있다.

자동차에 사용되는 개별 부품들이 모두 안전성 테스트를 통과했다고 해서 이들 부품으로 이뤄진 차량 또한 안전성 테스트를 통과할 것이라고 장담할 수 없듯이, 개별 프로그램 코드 각각의 보안성이 검증됐다고 해서 이 코드들이 결합돼 만들어진 더 큰 디파이 프로그램 또한 안전할 것이라고 말할 수는 없다. 이러한 것을 전문적인 용어로 '합성 보안Compositional security' 문제라고 한다.

실제로 2017년 10월 벨기에 루벤대학University of Leuven 소속 연구원들이 와이파이 보안 표준인 WPA2Wi-Fi Protected Access II에서 다수의 보안 취약점을 발견했다. WPA2의 경우 표준 재정 당시에 해킹에 안전하다는 것이 수학적으로 입증된 바 있기에 당시 이 연구는 세상을 떠들썩하게 했다. 문제는 WPA2를 구성하는 '데이터 암호화 모듈'과 '비밀키 생성·공유 모듈' 각각에 대해서는 그 보안성이 수학적으로 검증됐으나, 이 두 모듈을 합친 WPA2 전체에 대해서는 수학적 검증이 이뤄지지 않았던 것이다.

현재 이러한 합성 보안 문제를 효과적으로 해결하기 위한 다양한 방법이 연구되고는 있으나 아직 범용적이고도 효율적인 방법을 찾지 못한 실정이다. 물론 코드가 추가될 때마다 프로그램 코드 전체에 대한 보안성 검증을 반복적으로 수행할 수는 있겠으나 이럴 경우 프로그램 개발에 드는 시간과 비용이 기하급수적으로 증가하게 된다.

분명 디파이 시장은 급성장하고 있다. 하지만 여러 가지 디파이 코인을 결합해서 합성자산을 만들어내거나 2개 이상의 디파이 상품을 결합하는 등의 시도가 증가하면서 코드들의 복잡성은 빠르게 높아지고 있으며, 이로 인해 사고 발생 가능성은 더욱더 커져가고 있다. 만약 디파이 생태계가 지금보다 훨씬 커지고 서로 복잡하게 얽혀져 있는 상황에서 사고가 발생한다면 그 효과가 연관된 모든 서비스로 파급되기에 피해액은 상상을 초월할 것이다.

우리 정부도 금융 시스템의 미래로서 디파이를 본격적으로 검토해볼 가치가 있다. 그러나 디파이에서의 보안성 검증이 일반적인 경우보다 훨씬 더 어려움을 인식하고 이에 대한 문제 해결 및 합성 코드에 대한 보안성 평가 인증 체계 마련에도 많은 관심을 기울여야겠다.

○ 블록체인을 이용한 투표, 과연 안전할까

블록체인이란 것이 본디 자체적으로 '합의' 기능을 내장하고 있고, 여기에 더해 일단 기록된 데이터는 더는 수정하거나 삭제하는 것이 불가능한 '불변성' 특성까지 있기 때문에 많은 이가 블록체인을 이용하면 안전한 인터넷 투표나 모바일 투표 시스템을 쉽게 만들 수 있다고 생각한다.

결론부터 말하면 이는 틀린 얘기다.

안전한 온라인 투표 시스템이 지녀야 할 조건에는 여러 가지가 있으나 그중 '소프트웨어 독립성'이 가장 중요하다. 소프트웨어 독립성이란 투표 소프트웨어에서 발생한 오류 또는 무단 변경이 선거 결과에 영향을 미쳐서는 안 된다는 조건으로, 이를 위해서는 자신의 표가 본인이 의도한 대로 정확히 기록되고 개표 결과에 반영됐는지 여부를 투표자가 직접 확인할 수 있어야 한다. 문제는 블록체인을 이용한 온라인 투표 시스템의 경우 이러한 소프트웨어 독립성을 달성하기가 매우 어렵다는 것이다.

투명하게 누구에게나 모든 것이 공개되는 블록체인을 이용할 경우, 투표자가 행사한 표는 블록체인에 기록되고 이는 쉽게 확인될 수 있으므로 소프트웨어 독립성을 달성하기 쉽다.

하지만 블록체인에 기록된 데이터는 투표자 외에 다른 이들 또한 볼 수 있으므로 비밀 투표 보장이 어렵게 되며, 이는 곧 매표(투표할 사람에게 돈을 주고 표를 얻는 일) 행위를 조장할 위험성까지 갖게 된다. 즉, 특정 후보에게 투표했는지 여부를 직접 확인한 후에 돈을 줄 수 있으니 매표가 더욱 용이해지는 것이다.

이러한 문제를 해결하기 위해 컨소시엄 또는 프라이빗 블록체인을 사용할 수 있겠으나 이렇게 할 경우 투명성이 제한되므로 소프트웨어 독립성을 달성하기 어렵게 된다. 이러한 이유로 외국의 전문가들과 전미과학공학의학한림원NASEM에서는 블록체인 기반의 투표 방식을 강하게 비난해왔으며, 단지 공개 투표 방식인 상원 투표에 대해서만 제한적으로 블록체인의 적용을 검토하고 있는 실정이다.

현재 우리 정부는 2022년까지 블록체인 기반의 온라인 투표 시스템을 개발해 이를 학교장 선거·당내 경선·의견 수렴용 투표 등에 적용할 예정이다. 선거는 암호화폐에 비해 위험도가 훨씬 높은 분야다. 우리 정부의 보다 더 신중한 접근이 요구된다 하겠다.

보다 바람직한
미래를 위하여

○ 　　2021년 5월 14일 국내 거래소에서는 비트코인이 사상 처음으로 개당 8,000만 원을 넘어섰다. 전문가들은 이러한 가격 상승의 배경으로 (1) 코로나19 확산 이후 넘치는 유동성에 대한 대안 자산으로서의 관심, (2) NFT(대체 불가능 토큰) 기반 디지털 미술품 거래 시장의 폭발적 증가, (3) 스마트 계약을 기반으로 동작하는 다양한 형태의 탈중앙화된 암호화폐 금융 서비스, '디파이'의 등장 등을 꼽고 있다.

　그러나 암호화폐 및 블록체인 시장이 기업의 실제 내재 가치가 성장하는 속도보다 너무 빨리 비이성적인 가격 상승에 취해버리고 있는 것은 아닌가 하는 우려가 드는 것도 사실이다. 과거 암호화폐 광풍이 몰아치던 당시 나는 다음과 같은 글을 소셜네트워크서비스에 올려 화제가 된 적이 있다.

최고의 짜장면 레시피(블록체인 기술)를 가진 사토시 나카모토는 고객을 모으기 위해 쿠폰(비트코인)을 발급했다. 처음에는 쿠폰이 욕심나서 간 손님들이 짜장면의 맛에 감탄해 단골이 되고, 그러다 보니 그 손님은 점점 더 많은 쿠폰을 얻게 되며 중국집도 잘되는 선순환 구조를 이루게 되었다. 사토시의 중국집이 이른바 '대박'이 나자 다른 음식점들도 자극을 받지 않을 수 없었다. 저마다 자기만의 레시피(더 좋은 블록체인 기술) 개발을 위해 매진했고 이를 팔기 위해 새로운 쿠폰(다른 종류의 암호화폐)을 만들었다.

그런데 갑자기 쿠폰이 엄청난 돈이 된다는 소문이 돌면서 사람들은 쿠폰을 사재기하기 시작했다. 이 쿠폰이 어느 중국집 것인지, 또 짜장면 맛이 어떤지는 관심이 없었다.[*] 광기에 빠진 사람들은 짜장면을 사 먹고 쿠폰을 모으기보다 쿠폰에 프리미엄을 얹어 사고파는 데만 혈안이 돼 있었으며, 덩달아 특별한 레시피가 없는 음식점들까지도 쿠폰을 마

---

[*] 실제로 미국의 데이터 수집·분석 업체 카디파이가 2021년 2월 암호화폐 투자자 750명을 대상으로 설문조사 한 결과 33.5%가 '암호화폐 지식이 없거나 초보(Emerging) 수준'이라고 답했다. 투자자 중 16.9%만이 '가치를 완전히 이해하고 있다'라고 응답했다.

2장 암호화폐는 과연 안전한가

구 찍어내기 시작했다.

뒤늦게 사태의 심각성을 안 정부가 쿠폰을 규제하겠다고 나서자 좋은 레시피를 보유한 음식점이 아닌 쿠폰 거래소 대표들이 '쿠폰과 짜장면은 불가분의 관계라서 쿠폰을 규제하면 짜장면 레시피 개발이 어렵다'라고 토로하고 있다.

지금도 상황은 별반 달라지지 않아서, 지난 광풍 때보다는 강한 모멘텀과 펀더멘탈을 갖고 있다 하더라도 블록체인 및 암호화폐의 내재 가치에 비해 가격 상승 폭이 너무나 가파르다.

블록체인의 핵심은 보상이라는 개념을 통해 구성원들의 자발적 참여를 유도하는 데 있다. 이에 기술적으로 암호화폐와 블록체인은 불가분의 관계이며, 블록체인으로부터 보상이라는 개념을 분리시킬 경우 안전성과 안정성을 해칠 수 있다. 하지만 그렇다고 해서 모든 암호화폐를 무분별하게 허용하는 것은 곤란하다. 이에 바람직한 블록체인의 미래를 위해 다음 3가지를 주문하고자 한다.

첫째, 블록체인은 '줄기세포'와 같아서 매우 유망하지만 해결해야 할 난제들 또한 많다. 그러므로 유행에 편승해 블록체인 만능주의를 외치는 것은 곤란하며, 정부는 블록체인 응용 기술보다는 이 난제를 해결하는 연구에 보다 더 집중해야 하겠다. 특히 공모전, 시범사업 같은 보여주기식 행정의 남발은 곤란하다.

둘째, 우리가 어떤 암호화폐의 가치를 평가할 때는 (1) 해당 화폐가 기반으로 하고 있는 블록체인의 기술적 가치와 (2) 그것을 기반으로 한 사업 모델의 시장성을 종합적으로 평가해야 한다. 그러므로 관련 업체는 본인들의 암호화폐가 좋다며 몇 장짜리 백서에 '주장'만 늘어놓으려 하지 말고, 그것이 기반으로 하고 있는 블록체인의 기술적 가치와 사업 모델의 미래 가치에 대해 전문 컨퍼런스나 관련 전문가들을 통해 '객관적 검증'을 받아야 하겠다.

셋째, 관련 협회 또는 시민단체는 이것이 미래 유망 기술이라며 업체의 이익을 무조건 대변하려고만 들지 말고, 시장에 올바른 정보가 스며들도록 각종 장단점 분석 정보, 외국 동향 정보 등을 객관적·전문가적 시선으로 분석해 시민들의 눈높이로 설명하려고 노력해야겠다.

암호화폐와 블록체인은 분명 화려한 꽃을 피울 수도 있는 씨앗이다. 그렇다고 해서 그것이 사람들의 눈물을 먹고 자라서는 곤란하다. 앞으로 우리 모두가 보다 긴 호흡과 안목으로 미래 가치를 객관적으로 평가하며 장기적인 관점에서 얼마나 진보할 수 있는지 지켜봐야하겠다.

"블록체인은 잠재력이 있는 아기다. 그러나 욕심이 과하면 아기를 망친다."

3장

떠오르는 코인 산업과 비즈니스

코인 산업은 어디까지 진행되었나?
혁신 금융 비즈니스들의 대격돌

한대훈

SK증권의 주식 전략 및 시황 애널리스트다. 2017년 증권사 최초로 비트코인 관련 리포트를 발간하는 등 신기술과 새로운 트렌드에 관심이 많다. 주식 외에도 다양한 자산과 산업의 보고서를 쓰고 있고, 특히 정기적으로 발간하는 디지털 자산 보고서의 인기가 높다. 저서로는 《한 권으로 끝내는 비트코인 혁명》, 《넥스트 파이낸스(공저)》, 《우주에 투자합니다(공저)》 등이 있고, 과학기술정보통신부와 한국인터넷진흥원(KISA)이 발간한 《블록체인 기반 혁신금융 생태계 연구보고서》에도 참여했다.

금융 산업의
새로운 메기

○　　　비트코인은 사토시 나카모토라는 익명의 인물에 의해 개발
됐다. 〈Bitcoin: A Peer-to-Peer Electronic Cash System〉이라는 백
서에서 확인할 수 있듯 비트코인은 전자결제 시스템에 초점을 맞춰
탄생했다. 그렇게 탄생한 비트코인은 빠르게 성장했고, 이제는 제도
권 편입을 눈앞에 두고 있다. 비트코인 ETFExchanged Traded Fund와 선
물Futures을 비롯한 여러 금융상품으로서 자리를 잡아가고 있다. 아마
비트코인을 개발한 사토시 나카모토조차 이렇게 빠르게 비트코인이
자리를 잡고, 결제 시스템을 넘어 자산으로 자리 잡으며 금융상품이
될 것이라고는 상상하지 못했을 것이다. 러시아의 비탈릭 부테린이

개발한 이더리움은 가상자산이 여러 방면에 다양하게 활용되는 데 큰 기여를 했다. 이더리움에는 스마트 콘트랙트Smart Contract가 도입됐는데, 이 스마트 콘트랙트란 그동안 서면이나 구두로 이뤄지던 각종 계약을 코드Code를 통해 구현하고 특정 조건에 충족했을 때 그 계약이 이행되도록 구축한 시스템이다.

이런 스마트 콘트랙트 기능을 활용해 다양한 어플리케이션이 등장하고 있다. 탈중앙화 금융이라고 불리는 디파이DeFi와 대체 불가 토큰이라고 불리는 NFT 등이 대표적이다. 비트코인의 시가총액이 2021년 5월 20일 기준으로 7,300억 달러에 이르렀고, 디파이의 고객예치금은 2021년 5월 20일 기준으로 618억 달러를 돌파하는[1] 등 이제는 단순히 '코인'이라고 치부하기에는 시장이 빠르게 변하고 있으며, 성장하고 있다. 단순하게 투자의 관점이 아닌 관련 산업이 어떻게 변하고 있는지 살펴보도록 하겠다.

코로나19 확산으로 비대면 거래에 대한 요구가 커지고 있다. 디지털 트랜스포메이션이라는 변화의 물결과 맞물려 더욱 가속화되는 가운데 금융업에도 변화의 기운이 감지되고 있다. 그 한가운데 바로 가상자산이 있다. 포문은 가상자산의 맏형 격인 비트코인이 열었다. 많은 투자자에게 비트코인의 열풍을 일으켰던, 2017년에 비트코인은 미국 금융 시장의 제도권 편입의 신호탄을 쐈다. 그해 12월 세계 최대 파생상품 거래소인 시카고상품거래소CME에 비트코인 선물이 출시된 것이다. 이때부터 비트코인 선물은 정식적으로 거래되기 시작했다. 2020년에는 CME에 비트코인 옵션Option이 출시됐다. 선물과 옵션이 출시되면서 이제는 비트코인도 새로운 투자자산으로서 자리매김하는 계기가 됐다.

하지만 선물이나 옵션 같은 파생상품은 전문성을 갖고 있는 적격 투자자 및 전문 투자자에 비해 일반 투자자의 참여가 쉽지 않다. 일반 투자자도 쉽게 투자할 수 있는 방법이 있다면 비트코인의 대중화는 더욱 커질 수 있고, 관련 상품을 내놓는 금융 회사 입장에서도 새로운 수익 창출의 통로가 될 수 있다. 그리고 비트코인 ETF를 신청하는 금융기관들이 생기기 시작했다.

ETF란 상장지수펀드로 특정 지수를 추종하는 인덱스펀드를 거래소에 상장시켜 주식처럼 거래할 수 있게 만든 투자상품이다. ETF는 투자자의 투자 포트폴리오를 쉽게 분산할 수 있고, 세제 혜택이 장점이다. 매매도 쉽다.

비트코인 ETF의 출시는 투자자들에게 초미의 관심사였다. 과거 금 ETF에 대한 경험 때문이다. 2004년 이전에 일반 투자자들은 금에 투자할 수 있는 방법이 제한적이었다. 금은방에서 금반지 혹은 금괴를 사는 방법뿐이었다. 2004년에 스테이트 스트리트State Street가 출시한 GLD, 2005년 블랙록BlackRock이 출시한 IAU 등 금 ETF가 잇

[그림3-1] 금 가격 추이

(단위: 달러)

2004년 금 ETF 상장은
금 가격 상승을 촉발

자료: REFINITIV, SK증권

따라 출시되면서 일반 투자자들도 자산으로서 금에 투자할 수 있는 방법이 생겼다. GLD가 상장되던 날 금 가격은 442달러였고, 블랙록의 IAU가 상장되던 날 금 가격은 424달러였다.

금 ETF의 출시로 금에 대한 투자가 손쉽게 가능해지자 금 ETF로의 자금 유입이 나타나기 시작했다. 2005년에 512달러로 마감한 금 가격은 글로벌 금융위기가 발생한 2008~2009년에는 900달러를 넘어섰다. 한때 2,000달러를 넘어서기도 했으며 지금의 금 가격은 ETF 출시 이후 5배 정도 상승했다.

비트코인 역시 마찬가지다. 채굴을 하거나 가상자산거래소에서의 매수를 통해 비트코인을 소유할 수 있는데 일반 투자자 입장에서 채굴을 통한 비트코인 획득은 쉽지 않다. 그렇다면 거래소를 통한 매수밖에 방법이 없는 셈인데, 기존의 금융기관에 비해 현재의 가상자산거래소에 대한 신뢰도가 일반적으로 높지는 않다.

투자자 보호 장치도 아직 입법화되는 과정인 만큼 많은 투자자 입장에서는 거래소를 통한 거래가 썩 내키지 않을 수 있다. 24시간 365일 시장이 운영되는 만큼, 매 순간 거래소 어플리케이션을 통해 가격을 확인하는 것이 스트레스로 다가올 수도 있다. 그리고 투자상품으로 인정되는 만큼 기존의 비트코인 거래를 통한 양도소득세에 비해 세금을 아낄 수 있는 효과도 분명하다. 이를 위해 많은 금융기관이 비트코인 ETF 상장을 신청했었다. 하지만 번번이 무산됐다. 투자자 보호 장치가 아직은 미미했기 때문이다.

◯ 수탁 서비스, 모든 디지털 금융의 시작

생소한 디지털 자산이라 아직 비트코인에 대한 운용·관리·보관은 쉽지 않다. 아니 생소하다. 특히 자산운용사 입장에서 어떻게 보관하고 관리할지 골칫거리였다. 만약 비트코인 ETF를 운용하는 운용역이 나쁜 마음을 먹고 잠적하거나, 갑작스레 사고를 당하면 비트코인을 유실할 가능성이 크다.

그래서 미국 증권거래위원회는 투자자 보호를 이유로 번번이 비트코인 ETF 상장을 거부했었다. 이런 투자자 보호를 위해 수탁 서비스Custody를 하겠다고 나선 금융회사들이 등장하기 시작했다. 대표적인 회사가 피델리티Fiedelity다. 피델리티는 운용자산이 3.8조 달러를 넘어서는 대표적인 글로벌 자산운용사다.[2]

피델리티는 2019년 '피델리티 디지털 자산 서비스Fidelity Digital Asset Services'를 열고 가상자산의 수탁 및 거래 서비스를 시작했다. 그해 11월에는 뉴욕주 금융감독청NYDFS으로부터 신탁회사 인가를 받았고, 이를 바탕으로 기관 투자자를 위한 수탁 서비스를 정식으로 제공한다.[3] 그동안 투자자 보호 미흡을 이유로 비트코인 ETF를 비롯한 금융투자상품 출시를 하지 못했던 금융회사 입장에서는 긍정적인 소식이다.

비트코인을 비롯한 가상자산의 보관·관리에 어려움을 느끼던 금융회사 입장에서는 피델리티를 비롯한 굴지의 금융기관이 제공하는 수탁 서비스를 통해 투자자 보호에 대한 안전장치를 마련한 셈이다. 피델리티 외에도 JP모건의 비트코인 펀드 수탁업체로 선정된 뉴욕디지털인베스트먼트그룹NYDIG, US뱅크 등도 수탁 서비스에 뛰어들었다.

국내에서도 KB국민은행과 해시드, 해치랩스의 합작사인 '한국디지털에셋KODA'이 본격적으로 수탁 사업에 뛰어들었고, 몇몇 은행도 사업을 검토 중인 것으로 알려져 있다. 굴지의 금융기관들의 수탁 서비스 진출로 ETF뿐 아니라 새로운 금융상품이 나올 수 있는 전기가 마련됐다. 이제는 투자자 보호를 이들 금융기관이 보강해줬기 때문이다.

◯ 디지털 금융상품의 출시 임박

한때 비트코인은 사기라고 치부하던 JP모건은 WM 고객들을 위한 비트코인 펀드 출시 계획을 발표했다. 골드만삭스는 비트코인 가격에 연동되는 만기 비정상 차액결제선물Non-deliverable forwards을 출시했다.[4]

ETF 출시에 대한 기대감도 높아지고 있다. 유럽과 캐나다 등에서 비트코인 ETF가 출시되면서 시장의 관심은 미국에서 비트코인 ETF의 상장 여부에 쏠리고 있다. 피델리티와 반에크VanEck는 이미 SEC에 비트코인 ETF를 신청했다.

SEC는 비트코인 ETF 승인 여부를 당초 5월 3일까지 결정할 계획이었지만, 6월 17일로 결정을 미루었다. 수탁 서비스를 비롯한 여러 토대가 마련된 만큼 예전보다 통과 가능성이 크다. 설령 이번 6월에 통과되지 못해도 ETF 통과는 결국 시간문제라는 시각이 지배적이다. S&P가 비트코인과 이더리움을 비롯한 가상자산 지수 3종을 발표한 점도 이를 뒷받침한다. S&P는 비트코인지수, 이더리움지수, 대형 가상자산지수 등을 발표했다. 이를 기초자산으로 한 ETF 등 다양한 금융상품의 출시 가능성이 커졌다.

비트코인이 자산으로서 자리를 잡아가고 있는 사이, 가상자산 시장의 시가총액 2위인 이더리움도 금융상품으로서 자리를 잡아가고 있다. 2021년 2월 미국 CME는 이더리움 선물 거래를 시작했다. 캐나다는 비트코인뿐 아니라 이더리움 ETF도 상장했다. 캐나다의 자산운용사인 퍼포스 인베스트먼트Purpose Investment에 의해 출시됐다. 이에 반에크는 이더리움 ETF도 미국 SEC에 승인을 요청한 상태다. 유럽투자은행EIB은 이더리움을 이용한 디지털 채권을 발행한다고 밝히기도 했다.

이처럼 수탁 서비스가 시작되면서 관련된 상품들이 잇따라 출시 움직임을 보이고 있으며, 디지털 금융 시장은 빠르게 커지고 있다.

◎ 기관 투자자들의 시장 진출을 돕는 여러 서비스

제도권 편입이 가시화되면서 기관 투자자들을 위한 시장도 빠르게 성장하고 있다. 화려하게 뉴욕 증시에 상장된 코인베이스Coinbase

가 대표적이다. 미국 최대의 가상자산거래소인 코인베이스는 개인 투자자보다 기관 투자자를 위한 거래소로 자리 잡아가고 있다.

2018년 20%에 불과했던 코인베이스의 기관 투자자 비중은 64%까지 올라왔다. 테슬라를 비롯한 테크 기업들의 비트코인 채택, ETF 상장에 대한 기대감이 높아지면서 향후에도 기관 투자자들의 시장 진출이 기대된다는 점을 생각해보면 기관 투자자 비중은 향후에도 증가할 것이다.

기관 투자자들에게 알맞은 솔루션을 제공하기 위한 일환으로 코인베이스는 데이터 분석 플랫폼인 스큐Skew를 인수하기도 했다. 스큐는 가상자산의 데이터를 분석하는 회사로 2018년에 설립됐다. 가상자산에 특화됐지만, 전통 금융자산에 대한 서비스도 병행하고 있다.

브로커리지 시장도 커지고 있다. 현재는 거래소를 통한 거래가 많다 보니, 비트코인이나 이더리움의 가격은 거래소마다 차이가 존재한다. 이런 비효율성을 극복하고, 보다 효율적인 거래를 위해 가장 좋은 가격을 제시하는 브로커들이 등장하고 있다. 여러 거래소에 계좌를 만들고, 거래소마다 가격이 다른 점을 자체 플랫폼을 통해 해결해주고 관련 금융 서비스를 제공하면서 성장을 도모하고 있다. 즉, 기관 투자자에게 유동성 공급, 수탁 서비스, 대출을 비롯해 암호화폐 거래에 필요한 다양한 서비스를 동시에 제공하는 일종의 프라임 브로커리지Prime brokerage 서비스다.

대표적인 회사가 타고미Tagomi다. 타고미는 주요 거래소의 오더북을 모아 매수/매도 주문을 직접 처리하면서 기관 투자자들이 최적의 가격에서 거래할 수 있는 서비스를 제공한다. 코인베이스는 2019년에 타고미를 인수했다. 이외에 '디지털커런시그룹DCG'의 자회사인 제네시스Genesis가 대표적인 회사다.

그 밖에 비트코인 대출, 알고리즘 트레이딩, OTC 등 현재 전통 금융 시장에서 잘 운영되고 있는 여러 금융과 관련된 상품과 비즈니스로 영역을 확대하고 있다.

◎ 무섭게 성장하고 있는 디파이

현시점은 기존의 개인 투자자들에서 이제는 기관 투자자들이 시장에 진출하는 순간을 지나고 있다. 하지만 반대로 기존에는 금융기관만 할 수 있었던 금융상품이나 거래가 비금융기관도 할 수 있는 그런 어플리케이션이 등장했다. 바로 디파이다. 나는 현재까지 이더리움의 킬러 앱Killer App은 디파이라고 생각한다. 그만큼 디파이는 혁신적이다.

인터넷과 스마트폰 보급의 확대로 금융 서비스는 새로운 기로에 놓여 있다. 이른바 핀테크FinTech의 확대로 기존 금융기관은 큰 도전

에 직면한 상황이다. 그런 가운데 디파이까지 등장했다. 디파이DeFi
란 탈중앙 금융을 뜻하는 Decentralized Finance의 약자로 탈중앙
화된 금융 서비스를 의미한다.

전통 금융은 중앙화된 기관인 은행·보험·증권 등을 통해 거래가
이뤄졌고, 중앙화된 기관이 보증하는 방식이었다. 반면 디파이는 중
앙화된 기관 없이 모든 참여자의 상호 신뢰를 바탕으로 운영된다. 중
앙화된 기관이 없다 보니 블록체인 네트워크를 기반으로 할 수밖에
없다.

블록체인Blockchain이란 분산원장 기술을 구현하는 방식으로, 거래
내역을 기록한 원장을 다수에게 분산해서 저장하는 기술이다. 여러
온라인 거래 기록을 묶어 하나의 데이터 블록Block을 구성하고, 해시
Hash값을 이용해 블록을 체인Chain으로 연결한 뒤 이 데이터를 P2P
방식으로 전 세계 여러 컴퓨터에 분산해 저장하고 관리하는 기술
이다.

따라서 디파이는 이런 블록체인 기술 기반 위에, 스마트 콘트랙트
기능을 갖고 있는 이더리움을 기반으로 탄생한 금융 서비스다. 전통
금융 시장에서 제공되던 수신·여신뿐 아니라 투자·대출 등 여러 기
능이 디파이를 통해서도 제공된다. 국경이 없다 보니, 국내외 여러 이
용자끼리 다양한 금융 서비스를 주고받을 수 있다.

기존 금융과의 차이점은 법정 화폐가 아닌 가상자산을 기반으로

[그림3-2] 디파이와 중앙집중식 금융의 비교

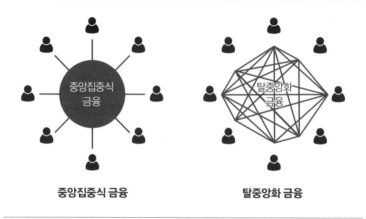

중앙집중식 금융　　　　　　　탈중앙화 금융

자료: 〈블록체인 기반 혁신금융 생태계 연구보고서〉, 과학기술정보통신부/한국인터넷진흥원, 2021년 1월 29일

금융 서비스가 제공된다는 점이다. 즉, 디파이는 블록체인 기술을 기반으로 한 탈중앙 금융으로서 스마트 콘트랙트를 활용한 것으로, 가상자산을 기반으로 제공되는 금융 서비스로 이해하면 된다. 기존의 금융 시스템 아래에서 상대적으로 소외됐던 언뱅크드Unbanked를 위한 서비스라는 점도 특징이다.

디파이가 잘 정착되면 불필요한 중개자 없이 누구나 손쉽게 대출·거래·투자 등의 금융 서비스를 이용할 수 있다. 기존 서비스와 달리 약정 기간도 없고, 공인인증서 같은 것을 사용하지 않기 때문에 시장 진입 과정도 단순하다.

이런 장점을 바탕으로 디파이 시장은 빠르게 성장했다. 디파이펄스DeFipulse에 따르면, 디파이의 고객예치금은 620억 달러에 육박할 정도로 빠르게 성장하고 있다. 2018년 2.8억 달러, 2019년 7억 달러, 2020년 160억 달러였던 점을 생각해보면 급성장하고 있는 것이다. 현재 디파이는 주로 담보대출 분야와 수십~수백%의 이자수익이 기대되는 이자농사Yield Farming가 인기를 끌고 있다. 이자농사는 디파이 프로토콜에 유동성을 제공하고, 그 대가로 이자를 취득하는 개념이다. 향후에는 많은 금융 분야인 자산운용, 파생상품, 보험 등으로 확대될 수 있다는 기대감이 높다. 사실상 전통 금융기관 업무의 상당 부분을 대체할 가능성도 존재한다.

물론 디파이가 좋은 취지로 시작됐지만, 아직 가야 할 길이 멀다. 이자농사를 비롯한 여러 투자기법에서 과열 조짐이 생기면서 본래 취지가 훼손될 수 있다.

진입장벽이 너무 높은 점도 해결해야 할 숙제다. 디파이 시장에 진입하려면 이더리움 지갑인 메타마스크Metamask 설치가 필수다. 그러나 메타마스크를 설치해도 사용법이 나와 있지 않기에 디파이 서비스를 제공하는 플랫폼과 연동하는 데도 어려움을 겪는 사람들이 적지 않을 것이다. 만약 메타마스크의 비밀번호를 잊어버리기라도 하면, 이를 찾는 것은 불가능에 가깝다. 중앙기관이 없어 고객센터가 없기 때문이다. 즉, 관리 위험이 여전히 존재한다.

이렇게 장단점이 명확한 가운데, 우리가 디파이에 관심을 갖고 지켜봐야 하는 이유는 디파이의 등장이 기존의 금융 시스템에 큰 변화를 줄 수 있기 때문이다. 지금 모든 산업에 걸쳐 디지털 트랜스포메이션이 빠르게 진행되고 있다. 코로나19로 이런 움직임은 더욱 가속화될 전망이다.

금융업 역시 디지털 트랜스포메이션을 요구받고 있다. 지금까지 금융업에 적용된 디지털 기술이 기존의 금융 대비 혁신을 불러일으킨 것은 틀림없지만 금융 활동을 매개하는 중개인까지 없애지는 못했다. 오히려 기존의 디지털 기술은 금융 중개인의 활동을 보다 빠르고 효율적으로 보조하는 역할에 불과했다.

디파이는 계약의 코드화, 집행의 자동화에 더해서 금융 관리 주체를 코드화해서 금융 산업 전체의 디지털화를 온전하게 실현할 가능성이 크다. 이렇게 되면 기존에 금융회사가 제공하는 서비스를 수동적으로 이용하는 데 불과했던 고객들이 디파이 생태계에서는 보다 주체적으로 활동이 가능하다. 이는 기존의 금융기관 입장에서는 엄청난 도전이 될 수 있다.

ING가 2021년 4월에 발간한 보고서를 통해 비트코인보다 디파이가 은행에 더 큰 영향을 미칠 것이라는 내용을 언급한 것도 이와 무관하지 않다. 혁신적인 디지털 금융이 태동하는 순간인 만큼 디파이의 생태계 조성과 성장도 유심히 지켜볼 필요가 있다.

이처럼 비트코인을 비롯한 가상자산은 디지털 금융 혹은 크립토

Crypto 금융이라는 영역하에서 빠르게 성장하고 있다. 이제 비트코인은 점차 새로운 디지털 자산으로 편입되며, ETF를 비롯한 다양한 금융상품의 탄생을 기다리고 있다. 이더리움 역시 비트코인의 뒤를 따라 새로운 자산으로 인정받고 있으며, 이더리움을 기반으로 한 디파이는 무서운 속도로 성장하고 있다.

2008년에 사토시 나카모토는 전자결제 시스템으로서 비트코인을 개발했지만, 이제 비트코인은 결제 시스템을 넘어 새로운 자산으로 자리 잡고 있다. 비트코인은 디지털 금으로서 금과 경쟁하는 위치에, 그리고 디파이는 기존의 전통 금융의 아성을 넘보며 성장하고 있다. 비트코인(디지털 금) vs. 금, 디파이 vs. 전통 금융의 구도를 지켜보는 것도 흥미롭다.

NFT가 뜬다

○ NFT에 관한 관심도 높아지고 있다. 요즘 연일 언론에 소개될 정도로 굉장히 뜨거운 관심을 받고 있다. 테슬라의 일론 머스크가 트위터를 통해 2분 분량의 음성 게시물을 NFT로 팔겠다고 하면서 많은 사람의 관심을 받았고, 세계적인 경매회사인 크리스티Christie's와 소더비Sotherby's가 NFT 시장에 진출하겠다고 선언하며 NFT에 대한 궁금증은 커지고 있다.

NFT란 대체 불가 토큰Non-Fungible Token의 약자로 하나의 토큰을 다른 토큰으로 대체 불가능한 토큰을 의미한다. 예를 들어 내가 가지고 있는 1만 원짜리 지폐와 내 친구가 갖고 있는 1만 원짜리 지폐

[그림3-3] NFT 도식도

자료: Coindoo.com, KB경영연구소, SK증권

는 가치가 같으므로 언제든지 교환 가능하다. 비트코인이나 이더리움 역시 마찬가지다. 내가 갖고 있는 비트코인 1개와 친구가 갖고 있는 비트코인 1개의 가격은 같다. 이들은 모두 대체 가능하다. 반면 NFT는 토큰 1개의 가치가 모두 다르다.

스마트폰으로 예를 들면, 내가 갖고 있는 스마트폰과 테슬라의 일론 머스크의 스마트폰은 모델이 같더라도 같지 않다. 같은 모델이지만 머스크의 스마트폰이 훨씬 비쌀 것이다. 나와 머스크의 스마트폰은 같은 모델이라도 대체가 불가능하고 서로 다르기 때문이다. 〈크립토키티〉라는 게임에 고양이가 등장하지만, 그 가치가 모두 다르다. 즉, 토큰 1개당 가치와 가격이 모두 다르므로 예술작품, 게임 아이템,

가상세계의 아바타 등에 활용될 수 있다.

NFT는 이더리움의 블록체인에서 ERCEthereum Request for Comment -721 기반으로 발행 가능하다. 참고로 이더리움과 이더리움 기반의 암호화폐는 ERC-20 기반이다. 블록체인 기반으로 발행되다 보니 위·변조는 불가능하다. 따라서 예술품을 비롯한 사치품에도 널리 사용될 수 있다. 쉽게 말해 NFT란 토큰에 일종의 일련번호를 부여해 [그림3-3]과 같은 작품의 무분별한 복제를 막을 수 있고, 블록체인 기술의 활용·발행 내역을 장부에 기록해 소유권의 변동을 손쉽게 확인할 수 있다.

그리고 디지털 작품으로 탈바꿈해 미술관에서만 보던 작품을 온라인상에서도 쉽게 볼 수 있다. 예술품뿐 아니라 게임 아이템·부동

[그림3-4] NFT 시장 규모 추이

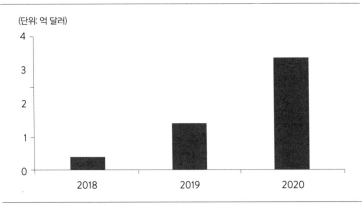

(단위: 억 달러)

자료: Statista, SK증권

산·스포츠까지 모든 자산을 블록체인에서 토큰화해 디지털 자산을 생성할 수 있다. 중개자 없이 발행자와 투자자를 연결할 수 있다는 점도 장점이다. 앞서 설명했던 메타버스의 게임에서도 적용이 가능하다. 메타버스 게임인 〈디센트럴랜드〉의 어느 유저는 자신의 게임 내 건물을 매각하기도 했다.

예술·게임·스포츠 분야를 중심으로 NFT 시장은 빠르게 성장하고 있다. 2018년 4,000만 달러에 불과했던 시장은 2020년 3.4억 달러의 시장으로 성장했고, 2021년에는 2020년의 시장 규모를 가뿐히 넘어설 것으로 전망된다.

독자분들의 이해를 돕기 위해 실제 사례를 소개해보겠다.

〈크립토키티〉의 '드래곤'

NFT 열풍의 시작은 2017년 출시된 블록체인 기반의 디지털 고양이 육성 게임인 〈크립토키티〉였다고 해도 과언이 아니다. 〈크립토키티〉는 가상의 고양이를 육성하는 게임인데 고양이 캐릭터를 수집할 수 있고, 이를 암호화폐를 통해 거래가 가능하다. 고양이들은 제각각 모습이 다르다.

과거에도 캐릭터를 수집하는 게임은 많았고, 최근에 〈포켓몬 GO〉도 인기를 끌었지만, 〈크립토키티〉와 이전 게임의 차이점은 〈크립토키티〉는 교배Breedable를 이용해 새로운 고양이를 얻을 수 있으

[그림3-5] 〈크립토키티〉에서 600이더리움에 판매된 고양이 '드래곤'

Dragon
896775　X Gen 9　© Snappy Cooldown (30m)

자료: CryptoKitties, Coindesk

며 이를 사고파는 게 가능하다. 고양이들이 모두 제각각이기 때문에 수집을 좋아하는 유저들의 사랑을 받았다. 드래곤Dragon이라는 캐릭터는 600이더리움ETH에 판매되기도 했다. 이는 현재 시세로 약 13억 원에 달한다.

일론 머스크의 아내 그라임스의 〈전쟁의 정령〉

일론 머스크의 아내이자 가수인 그라임스Grimes는 NFT 기술을 이용해 〈전쟁의 정령War Nymph〉이라는 제목의 디지털 그림을 온라인 경매에 팔았다. 본인의 노래를 배경음악으로 사용하기도 한 이 작품은

[그림3-6] 그라임스가 NFT 기술을 활용해 판매한 디지털 그림, 〈전쟁의 정령〉

자료: Twitter

580만 달러에 판매됐다. NFT의 특성상 이 그림은 온라인에서 누구나 볼 수 있지만, 소유권은 경매를 통해 디지털 그림을 구매한 사람만이 갖는다. 우주에 관한 관심이 높은 머스크와 그라임스 사이에서 태어난 아이를 묘사한 것이라는 추측이 불거지면서 높은 관심 속에 20분 만에 판매된 것이다.

비플의 〈매일: 첫 5,000일〉

세계적인 경매업체인 크리스티가 진행한 경매에서 비플Beeple이라는 예명으로 활동하는 디지털 아티스트 마이크 윙켈만Mike winkelmann

[그림3-7] 비플의 〈매일: 첫 5,000일〉이 디지털 작품 역사상 최고가로 낙찰됐다

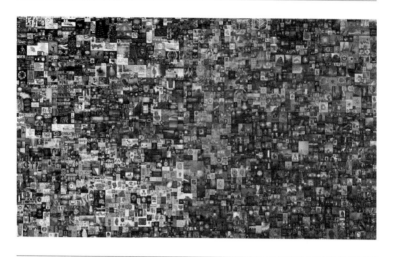

자료: barrons

의 작품인 〈매일: 첫 5,000일Everydays: The First 5000 Days〉이 무려 6,930만 달러에 낙찰됐다. 비플은 2007년부터 5,000개 이상의 jpeg 이미지를 모아 모자이크 형태의 작품을 발표했고, 이는 디지털 작품 역사상 최고가로 낙찰됐다.

비플의 경매 낙찰은 디지털 미술사의 시작이 될 것이라고 평가하는 사람이 많다. 비플의 NFT 성공으로 그는 제프 쿤스Jeff Koons와 데이비드 호크니David Hockney에 이어 역사상 3번째로 비싼 낙찰가를 기록했다. 그는 인터뷰를 통해 그동안 예술가들이 디지털 예술작품을 인터넷에 배포했지만, 진정으로 소유하고 수집할 수는 없었는데,

NFT의 등장으로 이런 문제가 해결되기를 바란다는 소감을 밝혔다. 비플의 바람대로 NFT가 성공적으로 자리 잡는다면, 이제 예술품 시장도 디지털 예술로 변모할 수 있는 중요한 전기를 마련한 셈이다.

잭 도시의 트위터

트위터의 창업자인 잭 도시는 첫 트위터를 NFT를 통해 판매에 나섰다. 밸류어블Valuables이라는 플랫폼을 통해 2006년에 트위터를 시작하며 처음으로 올렸던 트윗인 "Just setting up my twitter(이제 막 트위터 출범 준비를 마쳤다)"를 NFT 경매에 내놓은 것이다.

잭 도시의 트위터는 말레이시아에 기반을 둔 브리지 오라클Bridge Oracle의 CEO인 시나 에스타비Sina Estavi가 제시한 290만 달러에 낙찰됐다. 이로써 잭 도시의 1번째 트윗은 이제 시나 에스타비의 소유가 된다. 잭 도시는 NFT 판매대금을 모두 비트코인으로 바꿔서 아프리카에 기부한다고 전했다.

[그림3-8] 트위터의 창업자인 잭 도시의 첫 트윗도 NFT를 통해 판매됐다

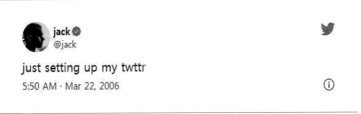

자료: twitter

NBA톱샷

어려서 NBA 카드를 수집한 독자들이 있을 것이다. 나도 그중 한 사람이었다. 마이클 조던 카드를 뽑을 수 있을까 조마조마한 마음으로 팩을 뜯었던 기억이 아직도 생생하다. 지금도 NBA 카드는 존재한다. 그리고 디지털 카드를 판매하는 NFT도 현재 높은 인기를 누리고 있다. NBA톱샷이 그 주인공이다. NBA톱샷은 〈크립토키티〉를 제작했던 데퍼랩스Dapper Labs.가 플로FLOW를 활용해 개발한 디지털 컬렉터블 게임 플랫폼이다.

NBA 리그 역사상 중요한 순간이나 팬들에게 인기가 높았던 명장면을 구매하고 소유하며 교환할 수 있다. 게임 내에서 자신만의 팀을 구축할 수 있으며, 다른 유저와 시합을 할 수도 있다. NBA톱샷에서 이뤄지는 모든 활동은 블록체인 네트워크에 기록된다. 댑레이더DappRadar의 랭킹[5]에 따르면, NBA톱샷은 주간 기준으로 42.6만 명이 이용하면서 전체 블록체인 프로젝트 중에서 가장 많은 유저가 사용 중이다(2021년 5월 10일 기준).

세계 최고의 바둑기사 이세돌 9단이 인공지능 알파고를 꺾었던 대국이 NFT를 통해 발행됐고, 경매를 통해 60이더리움에 판매됐다(2021년 5월 20일 기준으로 2억 1,000만 원). 2016년에 이세돌 9단이 알파고에 거둔 승리를 NFT로 발행한 것인데, 이는 인간이 알파고에 유일하게 승리한 대국이다. 당시의 기보와 이세돌 9단의 사진과 사인

[그림3-9] NBA의 명장면과 선수 카드를 수집할 수 있는 NBA톱샷

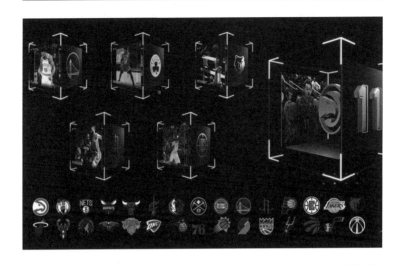

자료: NBA Top shot

이 담긴 동영상 파일이 NFT를 통해 발행된 것이다.

이외에 여러 차례의 NFT가 발행됐으며, 국내에서도 마리킴Mari Kim의 작품 〈Missing and found〉는 NFT를 통해 288이더리움에 낙찰됐다.

NFT 시장이 빠르게 성장하면서 우려 섞인 목소리가 나오고 있다. 왜 굳이 NFT를 해야만 하는가에 대한 비판적인 시선이 많은 것도 사실이다. 필자도 머리로는 이해하지만, 왜 굳이 NFT를 해야 하는지 100% 이해가 되는 것은 아니다. 그런 비판에도 불구하고 NFT는 분

명 장점이 존재한다. 이더리움의 스마트 콘트랙트를 이용해 개인 간 거래가 가능하고 부분 소유권도 주장할 수 있다. 블록체인 장부에 기록하기 때문에 위조와 변조가 불가능하고, 소유권 분실에 대한 우려도 없다. 예술가 입장에서도 자신의 작품을 손쉽게 판매할 수 있는 방법인 셈이다.

그동안 오프라인에서만 볼 수 있었던 예술작품, 실물로 수집해야 했던 수집품을 디지털화된 형태로 소유할 수 있어 투자자들의 소유욕도 자극한다. 게임 아이템 같은 글로벌 거래가 쉽지 않았던 자산에 대한 거래가 가능하다는 점도 장점이다.

특히 예술품 시장에서 활용될 가능성이 아주 크다. NFT를 통해 이제는 예술작품이 직접 미술관이나 화랑에서 구매하는 1차 시장에서 디지털 아트를 통해 2차 시장에서 거래되는 새로운 전기가 마련된 것이다. 더구나 블록체인 기술을 활용해 진위 여부를 판단할 수 있다는 점에서 작품의 진위 여부가 큰 관심사였던 예술계에서 반길만한 소식이다. NFT를 작품에 적용하면 작품의 소유권과 거래 이력이 명시되기 때문이다. NFT는 일종의 인증서 역할을 하는 셈이다.

예술 시장의 대중화에도 기여할 가능성이 있다. 유명 아티스트를 제외하면 훌륭한 작품임에도 불구하고 유통 시장에서 유통되기 어려웠다. 하지만 NFT가 확대되면 이런 문제를 어느 정도 해결할 수 있다. 데이비드 호크니 같은 유명 화가들이 이제는 캔버스가 아닌 디지털 기술을 이용해 작품을 그린다면, 새로운 NFT 예술품이 탄생할 수 있다. 여러모로 예술품 시장의 저변을 확대하기에 NFT는 좋은 대안이 될 수 있다.

게임 산업에서의 변화도 기대된다. 게임 속 사이버머니를 실물로 교환할 방법이 생기는 것이다. 게임 속 아이템도 NFT를 통해 거래와 교환이 가능해질 수 있다. 예를 들어 기존에는 게이머가 아무리 게임 내 캐릭터를 육성하고 아이템을 구매하지만, 만약 해당 게임 서비스가 종료되면 캐릭터와 아이템은 소멸됐다. 하지만 NFT를 통하면 블록체인 네트워크에 캐릭터와 아이템이 존재한다. 게이머 입장에서 아이템의 소유권 보장이 가능하고 이를 매매할 수 있다. 게임 내 캐릭터나 아이템을 거래할 수 있는 플랫폼을 통하면 국적이나 사는 곳과 관계없이 온라인을 통해 거래가 가능하다.

NFT를 활용한 대출 시장의 형성도 생각해볼 수 있다. NFT 시장이 커질수록 대출 시장이 커질 가능성이 크다. 예술작품, 게임 내의 아이템(부동산) 등으로 NFT를 발행할 경우 이를 담보로 한 대출이 가능하기 때문이다. 실제로 NFTfi라는 NFT 담보대출 플랫폼이 운영 중이다. 내가 소유한 NFT를 담보로 다른 이용자들에게 암호화폐(스테이블 코인)를 정해진 기간 동안 빌릴 수 있는 서비스다. 일종의 P2P 형식의 담보대출이다.

NFTfi에서 이용자들은 자신이 저당 잡힐 암호화폐부터 빌리고 싶은 금액과 이자율, 기간 등을 제안할 수 있다. 대출자들은 그중에서 가장 매력적인 조건을 선택해 담보대출을 할 수 있다. 현재 NFTfi에서 가장 인기 있는 담보물은 〈크립토키티〉의 고양이로 알려져 있다. 이처럼 NFT는 단순히 게임 아이템과 예술작품을 넘어 관련 시장에서 성장할 수 있다. 새로운 개념이지만, 분명히 매력 있고 가능성 있는 시장이다.

가상자산 시장,
미·중 패권 경쟁의 새로운 전쟁터가 되다

○　　　미국과 중국은 지금까지도 치열한 패권 경쟁을 벌이고 있는데, 그 일환으로 가상자산의 역할 또한 중요해질 것으로 보인다. 중국은 모든 산업에서 미국의 아성을 위협하고 있다. 구소련(러시아)과 일본의 도전을 이겨냈던 미국으로서는 쉽지 않은 상대다. 하지만 아직까지 중국이 미국의 아성에 미치지 못하고 있는 분야가 있으니, 바로 금융이다. 아니 정확히는 화폐다.

미국 달러는 기축통화다. 미국의 최고 발명품은 콜라도, 아이폰도 아닌 달러라는 말이 있을 정도로 미국은 달러의 힘을 바탕으로 경제 대국의 지위를 누리고 있다. 기축통화의 통화량을 조절할 수 있다는 특권은 굉장한 메리트다.

반면 중국의 위안화는 아직 그런 지위를 누리지 못하고 있다. 중국도 이런 점을 인식하고 있고, 오랜 기간 동안 위안화의 국제화를 위해 노력했다. 2016년, 위안화는 IMF의 특별인출권SDR 편입에 성공했다. 10.92%의 비중을 차지하고 있다.

하지만 국제간통신협회SWIFT 조사에 따르면, 글로벌 결제 비중에서 위안화가 차지하는 비중은 2%가 되지 않는다. 미국 달러가 40%가 넘는다는 점을 생각해보면, 위안화는 G2의 위상에 못 미치는 셈이다.

이에 중국은 중앙은행인 인민은행이 직접 발행하는 CBDCCentral Bank Digital Currency 발행을 2014년부터 준비했다. DCEPDigital Currency Electronic Payment로 명명했고, 2020년 DCEP로 추정되는 사진이 인터넷에 유출되기도 했다.

여러 차례의 시범 운영도 성공적으로 마쳤다. 언제 발행할지 정확하게 알 수는 없지만, 2022년 베이징 동계올림픽에 앞서 발행될 가능성이 크게 점쳐지고 있다. 목표는 당연히 위안화의 국제화고, 디지털 화폐 시장을 빠르게 선점해 디지털 화폐의 기축통화로 자리 잡겠다는 야심이다.

미국은 당초 느긋한 입장이었다. 기축통화국이기 때문이다. 하지만 최근 중국의 빠른 행보에 미국도 다급해졌다. 2021년 1월에 미국

통화감독청OCC이 미국 달러와 페그된 스테이블 코인을 국제 결제에 허용한다고 밝혔다.[6] 2021년 2월에는 상원 청문회에 참석한 제롬 파월 연준Fed 의장은 미국이 1번째 디지털 화폐 발행 국가가 될 필요는 없지만, 기존의 기축통화 국가로서 디지털 화폐에 관한 연구를 하겠다고 밝혔다.

그동안 미국이 디지털 화폐 발행에 적극적이지 않았다는 점을 생각해보면 놀라운 변화다. 미국은 일단 연준이 발행하는 디지털 달러보다는 스테이블 코인을 통한 대응에 나설 것으로 보인다.

물론 CBDC나 스테이블 코인은 중앙은행이 발행하거나, 특정 기관이 가치를 보증하기 때문에 기존의 가상자산과는 차이점이 많다고 생각할 수 있다. 그래서 가상자산 시장은 분리해서 봐야 한다고 주장하는 사람들도 있을 것이다.

그러나 완전히 분리해서 볼 수는 없다. 스테이블 코인은 이더리움 기반으로 발행된다. 채굴장이 상당히 많은 중국에 맞서 비트코인을 제도권에 편입시켜 비트코인 개수를 늘리고 있는 미국의 움직임을 보면 디지털 화폐 전쟁에서 비트코인이 중요한 역할을 할 수 있다는 생각이다.

비트코인은 가상자산 시장에서 가장 상징적이고, 실물화폐 시장에서의 금 역할을 하고 있다. 전통화폐 시장에서 금본위제의 역할을 디지털 화폐 시장에서 '비트코인본위제'의 역할을 할 수도 있다.

◯ 마치며

살펴본 바와 같이 가상자산은 단순 거래를 넘어 금융 시장과 예술, 게임 시장까지 빠르게 그 영역을 확대하고 있다. 디지털 트랜스포메이션의 물결 속에서 디지털 금융과 디지털 예술, 디지털 경매의 한 축으로 가상자산은 자리 잡아가고 있다.

2017년에 비트코인을 비롯한 광풍이 전 세계를 강타했을 때, 가상자산이 대체 어디에 쓰이냐고 거센 비난과 도전을 받았던 경험이 있다. 4년이 지난 지금, 가상자산은 4년 전의 질문에 대답하고 있다. 새로운 금융자산으로 자리 잡아가고 있고, 가상자산을 활용한 금융 시스템을 구축하고 있다. 그리고 NFT를 통해 예술품, 게임 아이템을 손쉽게 사고팔 수 있는 시장까지 확대되고 있다.

세상은 정말 빠르게 변하고 있고, 특히 가상자산 시장은 더욱 빠르게 변하고 진화하고 있다. 금융을 넘어 이제는 다양한 산업과 아이템이 생기면서 성장하고 있다. 단지 개별 가상자산의 가격만 볼 것이 아니라 세상이 어떻게 바뀌고 있으며 어떠한 새로운 산업들이 생기고 있는지 신속히 살펴봐야 하는 시점이다. 그런 흐름 속에서 비트코인과 이더리움을 비롯한 가상자산은 어떠한 역할을 하고 있는지 함께 지켜볼 필요가 있는 중요한 순간을 지나고 있다.

3장 떠오르는 코인 산업과 비즈니스

4장

암호자산, 어떻게 투자할 것인가

가격 상승 메커니즘으로
살펴보는 투자 전략

임동민

2006년 동부증권에서 시작해 2009년 KB투자증권을 거쳐 2012년부터 교보증권에서 거시경제와 금융 시장을 분석하고 있는 이코노미스트다. 전 세계가 구조적 장기 침체기에 진입하는 가운데, 포용적 경제와 디지털 대전환이 구조 개혁의 방향과 도구가 되고, 블록체인 암호자산 네트워크가 시장과 정부를 보완할 원동력이 될 것으로 전망한다. 《앞으로 10년 세상을 바꿀 거대한 변화 7가지》, 《그린투자 패러다임》, 《넥스트 파이낸스》(공저)를 집필했다.

COIN
WAR
01

암호자산 시장의
급격한 부상

2020~2021년은 위험자산이 기록적 강세를 보인 시기로 기억될 것이다. 2008~2009년 글로벌 금융위기 이후 최장기 강세장에 놓여진 미국 주식 시장의 호황에 유럽·일본·중국·인도·대만·한국도 합류했다.

코로나19 팬데믹이 티핑 포인트(Tipping Point, 변화가 가속화되는 지점)로 작용했는데, 전염병으로 인해 전 세계에서 깊고 넓은 경기침체가 발생하면서 전면적 경기부양 정책이 실시되었다. 특히 FRB가 신속히 제로 금리와 양적 완화 모드로 복귀하면서 유동성의 스필 오버(Spill Over, 흘러넘치는 효과)가 위험자산에 집중되었다.

또한 강제적이고, 자발적인 비대면 활동이 전개되면서 디지털 전환이 가속화되었다. 전 세계 블루칩의 대명사인 FANG(페이스북, 아마존, 아마존, 넷플릭스)*, BAT(바이두, 알리바바, 텐센트)의 끊임없는 도약과 기업 가치 평가가 전 세계 주식 시장을 견인했다. 한국에는 NKC(네이버, 카카오, 쿠팡)가 있다.

한편 대표적 위험자산인 코인 시장의 강세도 역시 기록적이다. 전 세계에서 공개 상장되어 거래되고 있는 암호자산의 전체 시가총액은 2.3조 달러를 상회하고 있다.[1] 암호자산 시가총액 1·2위인 비트코인과 이더리움의 시가총액은 각각 1.05조 달러, 3,442억 달러로 상승했다. 상장되어 거래되고 있는 수량과 단위가격이 공개되어 전체 시가총액 산출이 가능한 자산 중에서 비트코인은 8위, 이더리움은 21위를 차지하고 있다.**

튤립 버블, 광산 버블, 정크 본드 버블, IT 버블 등 역사적 버블 사례와 비교된 2017~2018년 암호자산 시장은 단기적으로 큰 부침을

---

* 애플(Apple), 마이크로소프트(Microsoft)는 1970년대 창업되어 1990년대 이후 창업된 기술주를 지칭하는 용어에는 대체로 제외한다.

** 원고를 작성했던 시점인 2021년 5월 초 암호자산 시세다. 5월 중순 이후 암호자산 시장이 조정 국면으로 전환되었다. 암호자산 시장이 조정 국면으로 전환된 원인은 테슬라가 비트코인 채굴에 있어 탄소 배출을 이유로 차량에 대한 비트코인 결제 취소 및 중국 등 일부 국가에서의 암호자산 규제 강화 등을 들 수 있다. 다만 조정 국면의 가장 큰 원인은 암호자산 시장 자체의 과열 징후로 판단하고 있다. [표4-1]의 '전 세계 시가총액 상위 자산군 톱 31'은 암호자산 시장이 조정 국면으로 전환된 이후의 시세를 반영한 것이다. 비트코인 및 이더리움의 시가총액은 각각 7,500억 달러(9위), 3,100억 달러(31위)로 후퇴하고 있다.

[표4-1] 전 세계 시가총액 상위 자산군 톱 31

순위	자산	전체 시가총액	단위당 가격	구분
1	Gold	$11,904T	$1,874	Precious Metal
2	Apple	$2,081T	$124.69	US Tech
3	Saudi Aramco	$1,890T	$9.45	SA Oil&Gas
4	Microsoft	$1,831T	$243.12	US Tech
5	Amazon	$1,630T	$3,232	US Tech
6	Alphabet(Google)	$1,533T	$2,309	US Tech
7	Silver	$1,525T	$27.91	Precious Metal
8	Facebook	$889.17B	$313.59	US Tech
9	Bitcoin	$754.50B	$40,282	Crypto Currency
10	Tencent	$750.44B	$78.74	CN Tech
11	Berkshire Hathaway	$655.37B	$430,720	US Investment
12	Alibaba	$576.84B	$212.54	CN Tech
13	Tesla	$542.79B	$563.46	US Auto
14	TSMC	$537.36B	$112.40	TW Foundry
15	Palladium	$506.53B	$2,894	Precious Metal
16	Visa	$494.18B	$224.59	US Credit
17	JP Morgan Chase	$487.70B	$161.11	US Finance
18	Samsung	$474.17B	$70.45	KR Semiconductor
19	Johnson & Johnson	$447.88B	$170.08	US Consumer
20	Kweichow Moutai	$402.30B	$320.25	CN Consumer
21	Walmart	$399.28B	$141.92	US Consumer
22	United Health	$386.44B	$409.50	US Healthcare

23	LVMH	$382.43B	$151.81	FR Luxury
24	SPDR S&P500	$377.07B	$410.86	ETF Trust
25	Bank of America	$359.65B	$41.97	US Finance
26	Mastercard	$357.74B	$360.98	US Credit
27	NVIDIA	$350.17B	$562.63	US CPU & Software
28	Neslé	$340.86B	$121.07	CH Consumer
29	Home Depot	$338.10B	$314.45	US Consumer
30	Procter & Gamble	$334.75B	$136.60	US Consumer
31	Ethereum	$313.75B	$2,698	Crypto Currency

자료: https://companiesmarketcap.com/assets-by-market-cap/2021.5.20

겪었으나, 불과 2~3년여 만에 바로 이전 버블 국면에서 형성된 최고치를 경신하면서 강세장으로 복귀했다.

암호자산의 강세장 복귀 역시 코로나19 팬데믹이 전환점이 되었다. 암호자산의 부상은 ① 유동성의 스필 오버와 디지털 전환과 더불어 ② 블록체인 기술과 탈중앙화된 네트워크 구축 및 스마트 콘트랙트(Smart Contract, 계약 조건을 실행하는 컴퓨터 트랜잭션 프로토콜)[2] 기능이 시장의 가치 평가에 반영된 결과다.

특히 2020년부터는 마이크로스트래티지, 그레이스케일, 아크 인베스트먼트 등이 금융 비히클(Vehicle, 차량, 탈것, 운송수단, 매개체로 금융상품 및 솔루션)을 통해 전통적 투자 수단을 제공하고 있으며 스퀘어, 페이팔, 비자, 테슬라 등이 재무적·전략적 목표를 갖고 비트코인 등 암호자산을 매입하고 있다.

한국의 암호자산 거래가 집중되는 업비트, 빗썸 등의 거래량과 금액은 주식 시장을 상회하고 있다. 이제는 암호자산을 본격적인 투자 시장으로 바라봐야 할 때가 분명하다.

시세 중심으로 살펴보는
암호자산 가격 상승의 역사

○　일반적으로 금융자산에 투자하려면 ① 기본적 분석(전통적 인 증권 분석 방법으로 주식의 내재적 가치를 분석하여 미래의 주가를 예측하는 방법)[3] ② 기술적 분석(주가나 거래량 등 주식 시장에 나타난 과거의 데이터를 기초로 시세를 예측하는 방법. 흔히 차트를 이용하며 분석을 통해 투자 심리, 매매 시점, 주가 동향 등을 예견)[4]이 요구된다.

기본적 분석Fundamental Analysis과 기술적 분석Technical Analysis 모두 투자의 유용한 툴이 분명하지만, 전문 투자자가 아닌 일반 투자자에게는 한 가지를 덧붙여 요구하고 싶다. 자산의 핵심적 가치와 목적을 이해하고, 시장의 역사를 정리해보는 것이다. 이 과정을 통해 내가

　　　　　　　　　　　　　　　　4장 암호자산, 어떻게 투자할 것인가

투자하려는 자산의 가치가 장기적으로 우상향하는지, 내가 이 자산의 가치·목적·성공 가능성에 대해 얼마나 동의하고 있는지 점검할 수 있다.

암호자산에 투자할 때도 마찬가지다. 비트코인과 이더리움의 시작과 지금까지의 역사를 시세를 중심으로 살펴보겠다.

◎ 비트코인: 개인 간 결제 시스템 → 디지털 금 → 대체 투자 → 대규모 결제 시스템으로 진화

2008년 9월 리먼 브러더스 파산 직후 10월, 익명의 개발자 사토시 나카모토는 비트코인을 공개했다. 이후 사토시는 자신이 만든 비트코인 소프트웨어를 깔고 첫 번째 블록Genesis block 을 만든 다음 채굴을 시작했다. 2009년 1월, PGPPretty Good Privacy 라는 주식회사 CEO였던 할 핀니가 사토시의 아이디어에 반응하면서 2번째 채굴자로 나섰다. 할 핀니는 암호화 분야의 선구자로 이더리움의 창시자 비탈릭 부테린의 백서에 소개되는 인물이다. 할 핀니는 2014년 8월 죽기 전 냉동인간을 선택한다.

2009년 10월 비트코인 포럼이 만들어지면서 개발자들과 채굴자들이 등장한다. 라슬로 한예크라는 엔지니어는 CPU보다 GPU 채굴

효율이 더 좋겠다는 것을 알고 채굴자로 나선다. 2010년 5월에는 비트코인 수석개발자인 개빈 앤더슨Gavin Andresen이 '비트코인 수도꼭지Bitcoin faucet'라는 프로젝트로 비트코인을 무료로 나눠주는 행사를 벌인다. 같은 달 라슬로 한예크는 유명한 일화인 1만 비트코인으로 피자 2판을 주문하기도 했다. 이는 처음으로 비트코인이 재화와 교환된 사례다.

2010년 7월에는 최초의 거래소인 마운트곡스Mt. Gox가 설립되었다. 2010년 12월에는 사토시 나카모토의 공개 메시지가 중단되었다.

마운트곡스 설립 이후 드디어 비트코인의 달러 표시 가격이 형성되었는데, 1비트코인은 1달러 이하였다. 2011년 3월에는 실크로드에서 마약이 비트코인으로 거래되었으며, 2011년 6월에는 마운트곡스에서 해킹이 발생되었다. 2012년 5월에는 훗날 이더리움의 창시자인 비탈릭 부테린이 〈비트코인 매거진〉을 출간했다.

2013년 1월부터는 중국의 채굴자들이 '아발론'이라는 기업을 세워 주문형 반도체ASIC 칩으로 채굴하기 시작했다. 2013년 3월에는 키프로스 재정위기가 발생했다. 키프로스은행 구제금융에 예금자들에 대한 손실부담 및 자본유출 중단이 결정되자, 비트코인 수요가 크게 올라 가격이 급등했다.

2013년 7월에는 크레이그 부부가 101일 동안 비트코인으로 생활한 영화를 찍었다. 비트코인의 국경 간 이동과 교환의 매개 기능이 알려지면서 비트코인 가격이 상승했다. 2013년 10월에는 FBI가 실크로드에서 마약 거래 혐의로 로스 울버리치를 체포했으며, 그의 PC에 있던 비트코인을 압류했다. FBI는 이런 방식으로 상당량의 비트코인을 보유하고 있을 것으로 추정된다. 2013년 12월에는 최초의 비트코인 거래소인 마운트곡스가 파산하면서 과열 양상을 보인 비트코인 시장이 냉각되기 시작한다.

2014년 2월에는 뉴욕의 금융당국이 비트코인 라이선스를 추진했으며, 같은 해 4월에는 윙클보스Winklevoss 형제가 비트코인이 투자했다고 발표했다. 그 후 비트코인은 한동안 관심에서 멀어져간 듯했다.

러시아 출신의 캐나다 프로그래머이자 〈비트코인 매거진〉 편집자였던 비탈릭 부테린은 2013년 말, 〈차세대 스마트 콘트랙트와 탈중앙화된 어플리케이션 플랫폼A Next-Generation Smart Contract and Decentralized Application Platform〉이라는 백서를 발표하고, 블록체인 기반의 암호화폐이자 플랫폼인 '이더리움'을 공개했다.

2015년 8월 이더리움이 암호화폐거래소에서 달러화 표시 가격이 결정되기 시작한다. 이더리움이 블록체인 기반으로 통화 체계뿐 아니라 스마트 계약, 분권화 앱 등의 확장에 대한 기대로 부상했다. 이때부터 암호화폐에 관한 관심이 더욱 높아졌으며, 비트코인 가격은 멈추지 않는 상승세를 보인다. 2015~2016년에는 중국의 자본 유출 위험이 크게 확대되면서 비트코인이 위안화 표시자산의 대안·투기의 대상이 되었다는 시각도 있다.

2016~2017년에는 이더리움 등 암호화폐 등이 부상하면서 비트코인 한계점이 인식되었다. 비트코인은 통화 거래 체계에 머물러 있고, 블록이 10분당 형성되어 거래 처리 능력이 제한적이다. 비트코인의 한계를 극복하기 위한 논의들이 나타났는데, 이 과정에서 생태계 간 이견과 분열이 표출되었다.

비트코인 생태계는 개발자·소유자·채굴자로 구성되며 니즈가 서로 다르다. 비트코인 처리 용량 확대와 관련해 개발자와 채굴자의 의견이 대립되었다. 비트코인 처리 지연이 확대됨에 따라 2017년 5월 비트코인 소유자와 다수의 채굴자는 세그윗Segwit/Seperated witnes을 하고, 2X(블록 크기 2배 확대)에 합의했다. '세그윗'이란 블록 용량의 약 절반을 차지하는 디지털 서명(거래 인증 데이터)을 분리·보관하는 방식으로 블록 크기 증가 없이 1.7~2배 처리량의 증대 가능을 말한다. 그러나 중국 비트메인Bitmain 연합과 개발자는 이에 반대했으며 8월 1일 비트메인 연합의 비트코인 캐시 도입으로 비트코인은 하드포크되었다.

2017~2018년 암호자산으로 전 세계적인 유동성 유입과 ICO Boom & Bust 사이클을 겪으면서 비트코인 시장도 급변동했다. 다만 비트코인의 경우 10여 년 동안 안정성이 검증된 암호자산인 동시에 디지털 금으로서의 대체자산으로 재조명되면서 ICOInitial Coin

Offering 버블이 해소되는 국면에서도 비교적 시세 하락이 최소화되었는데, 이는 전반적인 금융 시장의 약세장에서 영향력이 가장 큰 자산의 변동성이 최소화되는 경향이 발견된 사례로 볼 수 있다.

2018년 중반부터는 비트코인을 중심으로 사업적·금융적 시도가 실행되고, 제도 구축에 대한 논의가 전개되었다. 2018년 5월에는 뉴욕증권거래소NYSE의 모회사인 ICE의 실물 기반 암호화폐 선물거래소Bakkt, 피델리티의 비트코인 수탁 서비스 시행, 스타벅스·AT&T의 비트코인 결제 서비스 도입 발표가 있었다.

2018년 6월에는 페이스북이 주도하는 스테이블 코인 기반의 암호화폐 프로젝트인 리브라의 백서, 곧이어 중국의 중앙은행디지털통화CBDC 계획이 발표되었다. 페이스북 리브라의 명칭은 현재 디엠Diem으로 변경되어 2021년 서비스 시작을 앞두고 있고, 중국은 디지털통화와전자결제DCEP라는 명칭으로 주요 성에서 시범 실시하고 있다. 페이스북 디엠과 중국 DCEP는 비트코인 결제 시스템이 기업과 국가적으로 시행되는 프로젝트다.

2019~2020년 비트코인에 투자하는 비히클들이 본격적으로 부상한다. 비즈니스인텔리전스 기업 마이크로스트래티지는 2020년 12월 21일 기준 총매입가로 약 11억 2,500만 달러에 인수한 비트코인을 7만 470개 보유하고 있다고 발표했다. 암호자산 투자회사인 그레이스케일은 비트코인트러스트GBTC 펀드를 출시했다. 이 펀드에 가

입하면 당시 비트코인 시세로 그레이스케일이 보유한 비트코인 순자
산가치NAV: Net Asset Value에 연동된 주식을 보유하게 된다. GBTC 주식
은 6개월 이상 보유해야 하며, 유통 시장에서 거래할 수 있다.

2020년 12월 말 GBTC는 총운용자산AUM: Asset Under Management
1,860만 개 중 3.1%를 보유하고 있는데, GBTC 주식은 NAV에 상당
한 프리미엄을 주고 유통 시장에서 거래되고 있다.

이는 그레이스케일의 비트코인 보관에 대한 신뢰가 부여된 현상
으로 해석할 수 있다. 고액 자산가와 기관 투자자들이 비트코인을
보관하는 데 어려움이 있으나, 동시에 적극적인 투자자산으로 편입

[그림4-1] 2008년 글로벌 금융위기 이후 전 세계 주가지수와 비트코인 가격

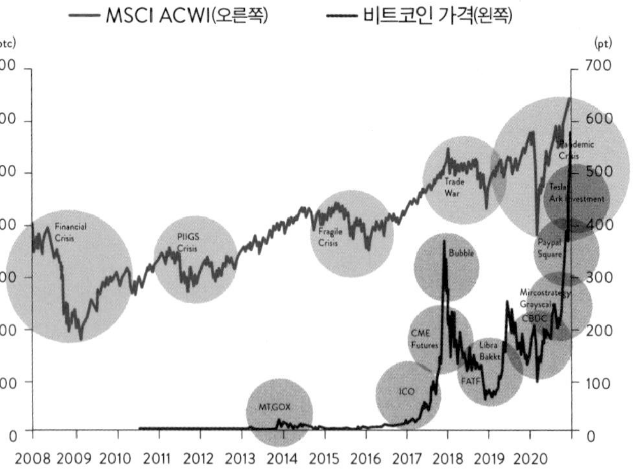

자료: Bloomberg MSCI All Country World Index

4장 암호자산, 어떻게 투자할 것인가

하고 있는 단적인 증거다.

2021년 들어 최근에는 테슬라가 보유현금을 다양하게 활용하고 수익을 극대화할 수 있는 유연성을 높이기 위해 15억 달러의 비트코인을 구매했고, 테슬라의 고객들이 비트코인을 이용해 자사 제품을 구매할 수 있도록 할 것이라고 발표했다. 2021년 5월 현재 비트코인 가격은 5만 7,000달러를 넘고 있다.

◎ 이더리움: 탈중앙화 플랫폼→ICO→DeFi→NFT→ 탈중앙화된 네트워크와 가치체계 구축

비탈릭 부테린은 2013년 말, 〈차세대 스마트 콘트랙트와 탈중앙화된 어플리케이션 플랫폼〉이라는 백서를 발표했다. 그리고 2015년 7월 이더 프리세일, 즉 ICO(암호화폐를 판매해 자금을 조달하는 방법)[5]를 실시해 블록체인 기반의 암호화폐이자 플랫폼인 이더리움을 공개했다.

2015년 8월 이더리움이 암호화폐거래소로 상장되어 달러화 표시 가격이 결정된다. 이더리움이 블록체인 기반으로 통화 체계뿐 아니라 스마트 계약, 분권화 앱 등의 확장에 대한 기대로 부상했다. 이더리움은 크게 4단계의 개발과 적용 로드맵이 제시되어 있다.

① **Frontier(2015년 7월~2016년 3월)** 이더리움의 기초 형태로 이더 채굴, 교환이 시작되고 이더리움 블록체인상에서 댑을 업로드·테스트할 수 있는 시기다. 당시 이더리움 가격은 0.5~2달러에서 형성되었다.

② **Homestead(2016년 3월~2017년 9월)** 이더리움 블록체인이 안정적인 단계이며, 이더리움의 주요 프로젝트들이 구현되는 시기다. 이 시기 DAO가 해산 시 토큰이 환불되는 과정에서 해킹이 발생되어 이더리움을 도난당한다. 이때 이더리움이 본래의 이더리움과 하드포크된다. 도난된 이더리움은 이더리움 클래식으로 분기된다. 2017년 3월 중국이 비트코인 제재 발언, 4월 미국의 암호자산거래소 코인베이스가 이더리움을 상장하면서 이더리움 가격은 10달러대에서 6월 12일 401.5달러까지 급등한다. 2017년 7월 EEA~Enterprise Ethereum Alliance~가 확대 발표되면서 급등세가 시작되었다.

③ **Metropolis(2017년 9월~)** 이더리움 블록체인 기술의 대중화 단계로 2017년 9월에 시작해 약 1~2년 걸릴 것으로 예상하고 있다. 메트로폴리스 단계에서는 이더리움을 활용한 대중적 댑을 지원할 수 있도록 다양한 기능이 포함된다. 채굴 방식에서 PoW와 PoS가 병행된다.

④ **Serenity** 이더리움의 마지막 단계로 네트워크 신뢰를 위한 채굴 과정이 에너지 낭비가 심한 PoW를 PoS로 완전히 전환한다. PoW는

컴퓨팅 파워를 많이 필요로 하므로 과도한 전력과 계산력이 필요하다. PoS의 채굴 방식에서는 거래소에 이더를 보관 중인 일반 거래자들도 채굴 수수료를 뺀 일정 이자를 이자(배당)로 지급받을 수 있게된다.

⑤ **Serenity 이후** 이더리움 블록체인이 완전히 안전성을 자리 잡은 이후, 기술 업데이트 및 거버넌스 유지를 위한 합의 기능을 한 이더리움 파운데이션은 해산한다. 이더리움 블록체인은 현재 인터넷의 월드 와이드 웹World Wide Web처럼 월드 와이드 네트워크World Wide Network로 작용하며 일반인이 아무런 의식 없이 사용하게 된다.

◎ 이더리움 가격은 왜 급부상했나

2021년 들어 이더리움 시세가 급등 중이다. 2017~2018년 ICO 버블에서 형성된 고점을 경신한 이후 5월에는 4,000달러에 육박하고 있다. 스마트 콘트랙트 콘셉트를 기능으로 구현한 이더리움은 2017~2018년 댑(분산원장 시스템에서 수행되는 탈중앙화되는 응용 프로그램)[6], 2019~2020년 디파이(블록체인 기술을 바탕으로 한 탈중앙화 금융)[7], 2020~2021년 NFT(대체 불가능한 토큰이라는 뜻으로 블록체인 기술을 활용하지만, 기존의 가상자산과 달리 디지털 자산에 별도의 고유한

[그림4-2] 이더리움 시세와 주요 이벤트

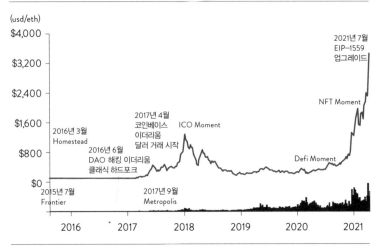

자료: CoinMarketCap.com

인식 값을 부여한다는 특징이 있다)[8] 등 꾸준한 블록체인 기술과 암호자산 거래에 기반한 생태계와 채굴·펀딩을 통해 유통 시장을 활발히 구축하고 있었다.

2021년 4~5월 이더리움이 급부상하는 원인은 2가지로 요약된다.

① 4월 유럽투자은행EIB은 이더리움 네트워크에서 1억 2,100만 달러 상당의 디지털 채권을 판매했다고 발표한 것이다. 블룸버그 보도에 따르면 골드만삭스, 소시에테 제네럴Société Générale, 산탄데르은행 Banco Santander 등이 EIB가 참여하고 있는데, 이는 이더리움 네트워크가 충분히 신뢰할 만한 금융 솔루션을 제공할 잠재력이 긍정적으로

평가된 계기가 되었다.

② 2021년 7월 14일 이더리움 EIP(이더리움 암호화폐 소프트웨어의 품질을 개선하기 위한 제안)[9]-1559를 통합해 향후 소프트웨어를 업그레이드하고, 네트워크를 하드포크할 계획이기 때문이다. EIP-1559의 핵심 목표는 이더리움 네트워크 수수료(가스비) 체제를 개선하는 것이다.

2021년 하반기에는 이더리움 네트워크의 합의 알고리즘을 PoW에서 PoS로 전환하는 업그레이드가 진행될 계획이다. 2021년 하반기에 이러한 로드맵이 현실화될 경우, 이더리움 네트워크는 거래비용을 줄이고 처리량을 크게 향상시킬 것으로 기대된다. 거의 모든 자산 가치의 상승 미래에 나타날 개선을 선반영하려는 투자자들의 현재 행동에서 비롯된다.

COIN WAR 03

투자자산으로서 암호자산 성격의 변화와 가치 평가 프레임워크

◎ 암호자산 투자, 어떻게 접근할 것인가

암호자산은 안전자산일까 위험자산일까? 안전자산은 보통 변동성이 낮고 꾸준한 가치를 유지해 투자원금의 손실 발생 가능성이 작은 자산 등으로 설명된다. 좀 더 구체적으로는 시장 리스크, 유동성 리스크, 신용 리스크 등에서 강점을 갖는 자산이다. 실질가치 하락 위험이 낮고, 결제의무 이행에 문제가 발생할 가능성이 작으며, 채무 불이행 위험이 낮은 조건 등을 만족하는 자산이다. 대표적인 안전자산은 엔화·달러화·금·고신용 등급 채권이다. 대체로 낮은 기대수익률과 변동성이 특징이다. 반면 위험자산은 일정 조건(일반적으로는 수익 창출)을 만족하는 경우 기대수익률이 높지만, 투자원금 손실 가능성도 크다. 신흥국 통화·채권, 주식·실물자산 등이 이에 속한다.

비트코인 초기 국면에는 비트코인 발행량이 2,100만 개로 한정된 점, 채굴을 통해 비트코인을 취득할 수 있다는 점 등의 설계가 디지털 금 등 안전자산으로서 대안 투자 대상으로 인식되었다. 2008~2009년 글로벌 금융위기 이후 중앙은행들의 양적 완화를 통한 법정화폐 공급의 막대한 증가와 2012~2014년 유럽 재정위기, 2015~2015년 중국 자본 유출 등 잠재적 금융위기에 대한 취약성이 제기될 때마다 안전자산으로서 비트코인 시세가 상승하는 경향을 보였다.

그러나 엄밀히 평가해 암호자산은 시장 리스크, 유동성 리스크, 신용 리스크에 대한 안정성 등 안전자산의 요건을 충족하지 못했다. 가격 변동성은 크고, 결제이행의 편의성과 보편성을 갖추지 못했으며, 채무이행 의무가 부과되지 않는 자산이다. 오히려 암호화 및 분산원장 기술에 기반해 네트워크 가치의 성장 잠재력과 실패 가능성이 공존하기 때문에 위험자산의 성격에 더 부합한다.

향후 암호자산 시장은 대안 투자 대상에서 이체·결제와 스테이블 코인 및 디파이 등에서 유즈 케이스에 성공하면서, 위험자산 평가에 입각한 가치 평가가 시도될 것이다. 주요한 흐름은 준비금 및 예치된 총자산_{TVL: Total Value Locked} 등 장부 가치와 수수료·구독·광고 등 수익 모델 도입에 따른 현금 흐름 가치, 네트워크 효과에 따른 내재적 가치 추정 등으로 전개될 것이다.

이렇게 암호자산에 대한 성격을 규명해보는 것은 2가지 의미가 있어서다. ① 암호자산을 안전자산으로 분류해 경제 환경 변화에 따른 상향식_{Top-down} 방식으로 투자 결정을 해서는 안 된다. 다시 말해 경기침체와 금융위기 발생 등이 우려될 때 안전자산 선호를 반영해 암호자산에 투자해서는 안 된다는 얘기다. ② 암호자산에 대한 투자는 미래에 형성될 네트워크 가치를 보는 것이다. 상향식보다는 오히려 FANG 등과 같은 플랫폼 기업에 대한 투자처럼 하향식_{Bottom-up} 방식의 의사결정이 더 적합하게 될 것이다.

◎ 전통자산 시장과 암호자산 시장 전망

실물경제와 금융 시장을 조망하는 애널리스트의 관점에서 향후 자산 시장의 전망은 대체로 다음과 같다.

(1) 채권 시장의 버블은 유지될 전망이다. 즉, 역사적 저금리 상태가 상당 기간 유지될 것이다. 전 세계적으로 정부와 중앙은행들이 중심이 되어 할 일이 많다. 특히 팬데믹을 극복하고 미국·유럽·중국 등이

중심이 되어 전환적인 구조 개혁을 실시하는 뉴딜 정책의 흐름 속에서 저금리 여건이 강력히 요구된다.

⑵ 글로벌 기축통화인 미국 달러화는 완만한 약세를 보일 전망이다. 바이든 행정부와 연준은 전면적 재정 정책과 유동성 확대를 지속할 것이며, 미국 국내외적으로 충분한 달러화가 공급되는 상황이 유지될 것이다. 미국 경제의 빠른 회복과 인플레이션 강도에 따라 연준의 테이퍼링Tapering, 금리 인상 등 통화 긴축 정책 전환이 변수가 될 수 있지만, 급격한 달러화 강세가 유발된 2014~2016년을 상기하면서 완만하고 신중한 전환을 시도하게 될 것이다.

⑶ 금 시장은 완만한 강세가 나타날 전망이다. 금은 희소한 귀금속이면서, 가치를 저장하고 축적할 수 있는 통화적 특성을 동시에 지닌 상품자산이다. 즉 안전자산으로서 특징이 있다. 향후 화폐 공급이 유지되는 상황에서 인플레이션 헷지에 대한 투자자들의 수요로 완만한 시세 상승이 예상된다.

향후 금융위기가 발생한다면 안전자산에 대한 급격한 자금 이동으로 달러화와 금 가격의 동반 강세가 나타날 수 있지만, 금융위기가 제어되고 실물경제나 금융 시장의 완만한 개선이 전개되면 달러화의 완만한 약세와 금 가격의 완만한 강세가 예견된다.

⑷ 글로벌 주식 시장은 장기 상승세를 유지할 전망이다. 미국·유럽·일본·중국·인도·대만·한국 등 주요 주식 시장에 포함되어 있는 우량

기업들이 미래 사회에 필요한 전환을 시도하면서 경제적 가치를 창출하고 기업 가치 상승이 지속될 것이다. 더욱이 저금리 여건으로 미국·유럽·일본·대만·한국 등 주식 시장의 배당수익률이 국채 및 회사채 수익률을 상회하게 되었다. 기업가들은 저금리로 자금을 조달해 필요한 사업과 투자를 실시하고, 투자자들은 더 높은 자기자본이익률과 배당수익을 향유할 수 있다.

⑸ **비트코인은 금보다 높은 상승세를 보일 전망이다.** 비트코인은 분산원장과 암호화 기술이 결합되어 개인 간 전자적 거래가 가능한 체계이며 징표다. 기술·인프라 측면에서 탈중앙화된 금융 거래를 제공할 수 있는 잠재성이 있다. 다만 비트코인의 광범위한 채택을 위해서는 채굴의 중앙화 문제, 높은 연산과 전력 비용, 거래 속도와 처리 대비 수수료가 높다는 점이 지적된다.

비트코인과 결합한 인프라의 분산화·효율화 및 비즈니스의 신뢰성을 통한 돌파구가 모색될 것으로 예상된다. 투자 측면에서 디지털 금으로서 자산 가치 보전 및 금융 네트워크 가치 확장의 잠재력이 있다. 다만 비트코인이 금이나 달러보다 안전한 동시에 가격도 높게 상승할 것이라는 시각에는 주의가 필요하다.

⑹ **이더리움은 주식보다 높은 상승세를 보일 전망이다.** 이더리움은 분산원장과 암호화 기술이 결합돼 개인 간 전자적 거래가 가능한 체계이며 징표인 동시에 스마트 콘트랙트 등 향상된 성능을 제공하는 플

랫폼이다. 즉 탈중앙화된 금융 거래와 앱 서비스를 제공할 수 있는 잠재성이 있다.

이더리움은 여전히 미완의 프로젝트라서 성공할 수도 있고 실패할 수도 있다. 비트코인이 가지고 있는 문제도 동시에 해결해야 한다. 투자 측면에서 디지털 화폐와 금융 네트워크 가치 확장과 더불어 탈중앙화된 앱 서비스가 반영될 가치 확장의 잠재력이 있다. 다만 이더리움 역시 플랫폼 기업들의 주식보다 안전한 동시에 가격이 높게 상승할 것이라는 시각에 주의가 요구된다.

◎ 암호자산 투자에 대한 장애 요인

암호자산 투자는 잠재성이 높은 분야지만, 아직 장애 요인들이 남아 있다. 비트코인 등 암호자산은 주식·채권 등 전통적인 금융자산에 비해 자본 효율성이 떨어진다는 지적이 있다. 전통 금융자산의 경우 담보·파생을 기반으로 추가적인 수익 창출이 가능하나 비트코인 암호자산은 아직 자산 보유 안정성에 집중해야 한다.

암호자산을 안전하게 보관하는 능력이 중요하다는 점을 모두 알고 있을 것이다. 그래서 암호자산업계에서는 커스터디(금융자산 보관·관리해주는 서비스), 제도적으로는 투자자 보호, 금융 사업적으로는 보험 등 출시가 요구된다.

암호자산 보관과 밀접한 관련이 있는 보안 문제도 아직은 걱정거리다. 암호자산 프로젝트가 오픈소스로 전개되는 과정에서 취약점을 공격하는 해킹 시도가 있을 수 있다. 암호자산 거래 서비스를 제공하는 중앙화된 금융기관에 대한 해킹 및 투명성 결여의 문제도 남아 있다. 경제적 구조에 따라 발생 가능성이 작지만, 블록체인 네트워크에 대한 51% 공격(노드의 50%를 초과해 해시 연산력을 확보해 거래 정보를 조작할 가능성) 우려가 남아 있다.

최근 사업과 투자의 화두가 되고 있는 환경·사회·지배 구조ESG: Environment, Social, Governance 원칙이 암호자산업계에도 동일하게 요구될 수 있다. 대표적으로 비트코인 채굴의 에너지 사용과 이로 인한 탄소 발생이 문제될 수 있다.

현재 비트코인 채굴에 의해 발생되는 탄소는 연간 3,700만 톤으로 추정되며, 이는 뉴질랜드의 탄소 발생과 유사한 수준이다. 만약 탄소세 등의 방식으로 채굴비용이 상승한다면 채굴자들의 채산성이 하락하고, 이는 네트워크의 약화로 이어질 수 있다.

암호자산 관련 규제는 양날의 검으로 작용할 수 있다. 국제적으로 암호자산 투자와 사업 및 금융 서비스는 자금세탁 방지, 투자자 보호, 과세 등의 필요한 영역들에서 규제를 통해 제도화될 전망이다. 이는 광범위한 유즈 케이스와 투자 수요를 촉발할 수 있다는 점에서 긍정적이다.

그러나 규제의 강도가 예상보다 강할 경우, 암호자산 특유의 혁신과 포용성이 약화되어 결과적으로 투자에 대한 가치를 하락시키는 결과로 작용할 수 있다. 암호자산 투자자들은 이러한 장애 요인들에 대한 비용, 편익에 대한 추정이 있어야 할 것이다.

암호자산 포트폴리오
전략과 전술

◎ 투자 비중을 어느 정도로 잡을 것인가

암호자산으로 인해 나타날 경제와 가치에 관한 잠재력과 성장성에 동의한다면 그다음 할 일은 투자인데, 암호자산의 방식도 전통자산과 다를 것이 없다. 그중 포트폴리오 전략Strategy과 전술Tactics에 대한 목표를 설정하고 실행하는 것에 조언하고자 한다.

포트폴리오 전략의 핵심은 자산 배분이다. 투자자들은 우선 내 전체 자산(자본과 부채) 중 얼마나 금융투자자산에 배분할 것인지 정해야 한다. 좀 더 구체적으로 말하면 현재 집을 살 것인지, 차를 살 것인지, 저축할 것인지, 투자할 것인지를 결정해야 한다. 돈을 벌어서 투자할 것인지, 빌려서 투자할 것인지도 결정해야 한다. 일반적으로는 의식주와 소비 및 여가 활동에 필요한 자금을 제외한 잉여자금으로 투자할 것을 권고한다.

최근 미국·영국 등 금융기업들은 비트코인을 중심으로 한 암호자산에 대해 대체로 투자자산의 2~5%가량을 배분할 것을 제안하고 있다. 다만 이는 주로 비트코인에 한정된 비중이며, 기관 투자자 및 고액 자산가에 대한 제안이라는 점을 인지해야 한다. 비트코인 이외 이더리움 등 유망하고 유력한 기타 암호자산의 성장성이 부상할 잠재력에 동의한다면 2~5%보다는 높은 비중을 배분하고, 투자 대상을 선택할 필요가 있다. 기관 투자자 및 고액 자산가가 아닌 일반 투자자라면 보다 성장성이 높은 암호자산에 배분하는 비중을 조금 더 높이는 것이 고려할 만한 선택이다.[*]

◎ **성공하는 투자자를 위한 암호자산 포트폴리오 설계와 실행법**

포트폴리오 전술의 핵심은 운용 기법이다. 이 분야의 전문가가 아

---

[*] 나는 한국의 암호자산 미디어인 〈코인데스크코리아〉와의 인터뷰(2021년 4월 25일)에서 암호자산 포트폴리오 비중은 5~10%가 적당하다는 의견을 제시한 바 있다.

[표4-2] 주요 금융기관들의 암호자산 전망과 포트폴리오 제안

기관	구분	비중	주요 내용
JP Morgan	미국 은행	–	• 기관 투자가들은 비트코인을 금의 대안으로 인식하고 있다 • 비트코인이 대안 시장에서 금과 경쟁하면서 금의 시장 규모에 필적할 수 있는 규모로 성장할 잠재력이 있다고 본다
Citi	미국 은행	–	• 비트코인은 21세기의 금이다 • 2022년 말 31만 8,000달러로 전망한다
Morgan Stanley	미국 은행	–	• 1,500억 달러 규모의 자금을 운용하는 투자전문 자회사 카운터포인트 글로벌(Counterpoint Global) 등을 통해 비트코인에 투자하는 방안을 검토하고 있다
Goldman Sachs	미국 은행	–	• 기관 투자가들이 비트코인에 서서히 진입하고 있다 • 현재 포트폴리오 비중은 1% 남짓이다
JP Morgan	미국 은행	2%	• 비트코인은 헷지 수단 아닌 경기 순환 자산이다 • 암호자산에 대한 소규모 할당은 높은 수익률과 적당한 상관관계로 인해 포트폴리오 효율성을 향상시킬 수 있다
Ruffer Investment	영국 투자	2.5%	• 세계 주요 통화의 지속적인 평가절하에 대해 적지만 강력한 보험의 성격으로 포트폴리오의 2.5%를 비트코인에 할당한다
Galluxy Capital	미국 투자	2~3%	• 갤럭시 펀드 책임자인 마이크 노보그라츠(Mike Novogratz)는 현재 포트폴리오의 7%를 금으로 보유하고 있으며, 일반 투자자들은 포트폴리오를 구성할 때 2~3%의 자본을 비트코인 구매에 할당을 제안한다
Chris Wood	미국 애널리스트	5%	• 자금의 5%를 비트코인에 투자할 것을 제안한다
Grayscale	미국 투자	–	• 다른 자산과 상관관계가 낮은 비트코인을 대상으로 밀레니엄 세대뿐 아니라 금융기관이 관심을 갖고 있다 • 분산투자 전략에 활용성이 높다

Coinshares	영국 투자	4%	• 비트코인은 성장 단계에 있는 기술주와 유사한 흐름을 나타내고 있다 • 자산 포트폴리오에 4%를 비트코인에 할당한다
CNBS	미국 미디어	–	• 비트코인은 변동성이 높은 자산이며, 시장 역시 롤러코스터를 보인다 • 투자자들은 암호자산에 대해 신중하다 • 비트코인에 투자하고 싶다면 소규모만 할당한다
JP Morgan	미국 은행	–	• 비트코인의 통화에 대한 헷지 수단으로 신뢰도는 낮다 • 최근 비트코인은 전통적인 다른 유동자산과 상관관계가 높아지고 있다

자료: 언론 보도 종합

닌 입장에서 운용 기법의 실행 방안으로 ① 적립식 매수, ② 변동성 확대 시 비중 조절, ③ 장기보유, ④ 투자원금 회수 등 4가지를 제안한다. 이것은 재무적 투자자가 전통자산에 투자하는 일반적인 방식이다.

좋은 투자 대상을 선정했다면 다음 결정은 '언제, 얼마에 매입할 것인가'다. 가치 투자의 대가이자 저명한 금융 시장 분석가로 알려진 하워드 막스Howard Marks 오크트리캐피털Oaktree Capital 회장은 "너무 비싸게 매입하고도 나쁜 투자는 아닐 만큼은 좋은 자산은 없다"라고 말했다. 비트코인, 이더리움 등 암호자산이 장기적으로 가치가 상승하는 좋은 자산일지라도 매입 시기와 빈도, 가격에 투자 성과는 절대적으로 좌우될 것이다.

문제는 아직까지 내재적 가치를 추정하기 어렵고 가격 변동성이 큰 암호자산의 특성과 일반 투자자가 처한 여러 한계를 감안하면, 적기에 매수하는 것은 불가능하다. 결국 적립식 매수가 솔루션이다. 다만 암호자산의 24시간 매매, 큰 변동성 등 전통자산 시장과 다른 점을 감안할 때 적립식 매수의 주기를 줄이고, 빈도를 늘리는 선택을 고려할 만하다. 예를 들면 적립식 매수의 규모 안에서 주기를 월이 아닌 주나 일로 축소하는 것이다.

암호자산의 단기 변동성이 전통자산에 비해 크다는 점은 변동성 확대 시 비중 조절 메커니즘을 필요로 한다. 시장에서 평가되고 거래되는 자산의 가치는 과열과 냉각을 반복하게 된다. 가격이 통상적인 수준보다 너무 빠르게 오를 경우, 적립식 매수의 타이밍을 건너뛰거나 일부 매각도 고려해볼 만하다. 반대로 가격이 하락할 경우, 이론적으로는 적립식 매수 비중을 증가시켜 매수단가를 낮춰 향후 가격 회복이 투자 성과를 높일 수 있기는 하다.

그러나 이는 적립식 매수 한도와 원칙을 훼손할 수 있다는 점에서 가격 상승 시 비중 조절보다는 신중한 선택이 요구된다. 일부 운용 자금에서 현금 비중을 확보하고 있다면 가격 하락 시에 적립식 매수 비중을 높이는 방안을 실시할 수 있을 것이다.

암호자산 투자에서 강조하고 싶은 전술은 장기보유다. 대부분 성장성이 돋보이는 자산의 특징은 장기적으로 누적된 투자 성과가 극대화된다, 이것은 거의 모든 투자자가 인식하고 있을 것이다. 적립식 매수와 단기 변동성 확대 시, 비중 조절 시에도 장기보유 물량은 건드리지 않는 것이다. 암호자산 투자 시 가장 큰 심리적 불안은 FOMO(Fear Of Missing Out: 제외되거나 놓치게 되는 것에 대한 두려움)인데, 이를 해소는 방안은 결국 장기보유 물량의 안정적인 확보가 될 것이다.

암호자산 포트폴리오 전술의 마지막 제안은 원금회수다. 원금회수 역시 투자의 가장 기본적 목표이자 원리다. 이 전술이 유용한 것은 원금회수를 달성한 이후 투자에 대한 심리적 안정감을 바탕으로 보다 기대수익과 리스크를 동시에 높이거나, 반대로 기대수익과 리스크를 동시에 낮추는 전략과 전술의 변화를 꾀할 수 있기 때문이다.

다만 운용기법을 세우는 것보다 실행하는 것이 더 어렵다. ① 적립식 매수, ② 변동성 확대 시 비중 조절, ③ 장기보유, ④ 투자원금회수에 대한 실행이 기계적일수록 투자 심리의 안정과 장기적인 성과를 높이는 데 도움이 될 것이다.

5장

화폐 혁명 전야에서
우리가 알아야 할 것들

홍익희

대한무역투자진흥공사(KOTRA)에서 뉴욕·보고타·상파울루·마드리드·파나마·멕시코·밀라노무역관 근무 등 전 세계를 누비며 세계 경제의 흐름을 온몸으로 파악했다. KOTRA 정년퇴직 이후 세종대에서 후학을 가르쳤으며 《유대인 이야기》(2013 YES24 선정 올해의 책), 《유대인 경제사》(2017 출판사 대표들이 뽑은 올해의 책), 《달러 이야기》, 《환율전쟁 이야기》, 《월가 이야기》, 《화폐혁명》 등 26권의 종이책과 500여 권의 전자책을 발표했고, 베스트셀러 작가가 되었다. 현재는 조선일보 〈신유대인 이야기〉, 주간조선 〈화폐혁명 서막〉 칼럼 연재, tvN 미래수업 〈2021 돈의 축이 이동하고 있다〉 강연 등 작가이자 칼럼니스트, 방송인 등으로 활발히 활동하고 있다.

경제학자들의 염원, 세계화폐

◎ 케인스의 선견지명

세계화폐는 많은 경제학자의 꿈이었다. 어느 한 패권국의 화폐가 기축통화가 되어 세계를 지배할 경우, 경쟁국들과의 갈등 속에서 무역 전쟁, 환율 전쟁, 패권 전쟁이 격화되어 실제 전쟁으로 비화될 수 있다. 그리고 그러한 기축통화는 세계 시민의 이익보다는 자국의 이익과 심지어는 통화 금융 세력의 이익에 복무할 가능성이 크기 때문이다.

우리가 자본주의 대표 경제학자로 알고 있는 존 케인스John Maynard

Keynes도 《통화 개혁론Tract on Monetary Reform》과 《화폐론Treatise on Money》을 썼는데 줄기차게 세계화폐를 주장했다. 1차 세계대전 직후인 1919년에 열린 파리강화회의에서 케인스는 독일에 과도한 배상금을 물려서는 안 된다고 역설했으나 거부되었다. 그는 회의에 참석한 각국 정치인들이 이기적인 자국 정치 논리를 앞세워 경제를 무시하는 무지한 행태에 충격을 받고 분노했다. 그는 독일에 물린 혹독한 배상금으로 인해 전무후무한 인플레이션이 발생할 것이며 이는 독일 국민을 빈곤으로 내몰아 '극단적인 혁명'이 일어날 것이라고 예상하며, 전제주의 시대와 새로운 전쟁을 예감했다.

케인스는 이듬해에 쓴 《평화의 경제적 결과The Economic Consequences of the Peace》에서 연합국 지도자들을 강력하게 비판하며 "가장 중요한 문제는 정치가 아니라 금융과 경제라는 사실을 한 사람이라도 제대로 이해했더라면… 아직 시간이 있을 때 흐름을 이로운 쪽으로 돌려놓아야 한다"고 주장했다. 케인스의 예견은 그대로 현실화되었다. 결국 독일에 대한 거액의 전쟁 배상금은 화폐 발행량 증가→초인플레이션→히틀러의 등장으로 연결되어 2차 세계대전을 불러왔다. 이 모든 사건의 원인은 인플레이션이었다. 2차 세계대전이라는 참화는 케인스의 선견지명이 거부된 결과이기도 했다.

1944년 브레턴우즈 회의 때 영국 대표 케인스는 무역 정산 때만이라도 세계화폐 '방코르Bancor'를 쓰자고 제안했다. 그는 미국이 패권적 기축통화를 고집하면 재앙이 올 수 있다고 경고했다. 무역 전쟁이 환율 전쟁으로 치달아 실제 전쟁이 발생할 수 있다는 이유에서였다. 하지만 이 역시 미국에 의해 거부되었다.

◎ 프리드리히 하이에크, 화폐의 탈국가화를 주장하다

패권국의 기축통화에 휘둘리지 않는 화폐를 주장했던 경제학자는 케인스뿐만이 아니었다. 중앙정부가 돈을 발행하는 현재의 화폐 제도에 대해 우려하는 오스트리아 출신 경제학자가 있었다. 바로 시카고대학 경제학 교수이자 노벨 경제학상 수상자인 프리드리히 하이에크Friedrich August von Hayek다.

1차 세계대전 때 오스트리아군 병사로 이탈리아 전선에서 싸웠던 하이에크는 빈으로 돌아와 초토화된 현실을 마주해야 했다. 급격한 물가 상승으로 부모의 저축은 휴짓조각이 됐다. 이때 경험으로 그는 망가진 경제를 정부가 화폐 공급량을 늘려 인플레이션으로 경기를 진작시키자는 주장에 단호하게 반대하게 됐다.

하이에크는 스탈린이 반대 세력 68만 명을 사형시키고 63만 명을 강제수용소로 보냈으며, 같은 시기 히틀러가 유대인 600만 명 등 1,200만 명을 죽이는 것을 보면서 정부의 권력 강화가 얼마나 커다

[그림5-1] 화폐의 탈국가화를 주장한 프리드리히 하이에크

란 위험을 초래할 수 있는지를 절감하고 자유주의를 신봉하게 되었다.

하이에크는 시장의 자유를 철저히 보장하고 정부는 개입해서는 안 된다고 믿었다. 그는 사람들이 화폐 발행권을 중앙은행이 독점하는 것이 당연하다고 생각하겠지만 이 제도가 재정 팽창을 유발하고 경기 변동을 일으킨다고 했다.

그는 1976년 《화폐의 탈국가화Denationalization of money》라는 책에서 화폐 발행의 자유화를 주장했다. 그는 중앙은행은 정치적 제약으로 인해 높은 인플레이션 문제를 해결할 수 없으므로 시장에서 경쟁을 통해 민간 주체 누구나 화폐를 자유롭게 발행할 수 있어야 한다고 역설했다. 이 제도가 시행되면 민간 주체들이 자발적으로 발행량을 조정하며, 결국 경쟁에서 우수한 화폐가 살아남는다는 것이다.

국가의 화폐 발행권 독점 때문에 오히려 경제가 불안정해진다는 게 하이에크의 생각이다. 그래서 화폐의 국가 관리에 반대한 것이다. 사람들은 중앙은행이 통화량을 조정하지 않으면 큰 혼란이 일어날 것이라고 생각하겠지만, 하이에크는 중앙은행이 없는 세상이야말로 바람직한 세계라고 생각했다.

◎ 밀턴 프리드먼의 예견, 미래 화폐

화폐의 미래에 관해 이야기한 또 한 명의 학자가 있다. 1974년 화폐 이론으로 노벨 경제학상을 수상한 또 다른 오스트리아계 유대인 경제학자 밀턴 프리드먼Milton Friedman이다. 그는 경제학에서 통화를 경제의 가장 중요한 변수로 강조하는 통화주의 창시자이자 시카고학파의 태두다. 그는 격심한 인플레이션이나 대공황 같은 심각한 경제 교란은 대부분 급격한 통화 팽창이나 수축 때문에 발생한다고 했다.

프리드먼이 주장한 화폐 정책의 핵심은 정부가 인위적으로 화폐 발행량 결정을 하지 말고 일정한 통화증가율을 사전에 공시하고 이를 준수하라는 것이다. 이를 'K% 준칙'이라 불렀다. 곧 화폐는 경제 성장률을 조금 상회하는 수준에서 발행량을 늘려야 한다는 것이다.

[그림5-2] 통화주의 창시자 밀턴 프리드먼

정부는 이 준칙만 지키고 나머지는 민간에 맡기면 통화량의 급격한 변동으로 인한 경제 혼란을 예방할 수 있고, 미래의 불확실성을 제거해 경제 주체들이 보다 합리적인 경제 활동을 할 수 있게 된다는 것이다. 그는 "모든 인플레이션은 언제, 어떠

한 경우라도 화폐적 현상이다"라고 말하며 'K% 준칙'을 위배하는 통화 교란이 경기 불안의 원천임을 밝혔다.

독일연방은행은 1974년부터 이 준칙을 지켜왔다. 독일 경제가 견실하게 성장한 배경이다.

프리드먼은 저서 《화폐 경제학Money Mischief》 서문에서 과거의 화폐들을 설명하면서 미래 화폐에 대한 물음을 던진다. "그러면 미래의 화폐는 어떤 형태를 가지게 될 것인가? 과연 컴퓨터의 바이트Byte일까?" 그가 암호화폐의 탄생을 지켜볼 수 있었다면 과연 자신이 생각한 미래 화폐의 형태가 맞았다고 평가할지 궁금하다.

세계 금융 시장 주도하는
유대 금융 세력

○ 　현재 세계 금융은 미국이 주도하고 있다. 미국 금융은 '삼각 편대'라 불리는 월가와 재무부, FRB가 이끌고 있다. 이 삼각편대의 주도 세력이 유대인들이다. 월가 금융기관들 수장도 대부분 유대인 이다. 그리고 월가를 관리 감독하는 재무부의 수장들 역시 로버트 루빈Robert Rubin 이래 유대인이 차지하고 있다. 역대 연준 의장과 이사 들 역시 대부분 유대인이다. 현 제롬 파월Jerome Powell 의장은 유대인 은 아니지만 친親유대 인사다.

　우리 주식 투자자들이 매일 아침 미국 금융 시장 동태를 살피는 것은 유대인들이 이끄는 미국 금융 시장이 그만큼 우리 시장을 포함한 세계 시장에 미치는 영향이 크기 때문이다.

로마제국이 392년 기독교를 국교로 채택한 이후 예수를 죽인 유대인은 공공의 적敵이 되었다. 농업에서 퇴출당한 그들은 장사꾼이나 기독교가 부정하는 대부업에 의존해 생계를 꾸려가야 했다. 이후 이슬람 지배 아래서 각국에 퍼져 있는 유대인 공동체 간 교역에 새로운 금융 기법이 쓰이기 시작했다. 즉 유대인 간의 신뢰를 기초로 하는 외상 거래와 더불어 환어음 등의 기법이 개발됐다. 이후 유대인이 서구 금융 시장에서도 두각을 나타내기 시작해 유럽 왕실과 공국들의 재무관으로 활약했다.

1492년 스페인에서 추방당한 유대인들이 정착한 네덜란드에서 근대적 의미의 최초 주식회사인 네덜란드 동인도회사가 세워졌으며 최초의 주식거래소, 최초의 중앙은행 격인 암스테르담은행이 설립되어 자본주의의 씨앗이 되었다.

유대인은 빌럼 3세의 네덜란드 독립전쟁을 돕기 위해 채권 시장을 활성화했다. 그 결과 시중금리를 15%에서 3%로 낮추었다. 덕분에 전쟁자금 지원이 용이해졌을 뿐 아니라 저리를 활용해 해외 투자도 할 수 있게 돼 세계 무역망이 구축됐다.

17세기 말 영국 왕실과 의회 간에 싸움이 일어나자 영국 의회는 네덜란드의 빌럼 3세 부부를 영국의 공동 왕으로 초빙했다. 이들 부부가 왕위 승계 서열 1위였다. 빌럼 3세(윌리엄 3세) 부부가 영국으로 옮겨올 때 네덜란드의 유대 금융인 8,000명이 같이 따라왔다. 이후 영국이 금융 왕국의 바통을 이어받았다.

영국 왕이 된 윌리엄 3세가 프랑스와의 전쟁으로 유대 금융인들에게 다시 한번 화급하게 전쟁자금 도움을 요청했다. 유대인들은 네덜란드 때 활용했던 '전쟁자금 모금기구'를 다시 설치해 상인들로부터 전쟁자금을 모았다. 이후 이 기구가 주식회사 영란은행으로 전환되어 왕의 채무증서가 은행권 발행으로 연결된 것이 국채와 화폐 발행 연계의 첫걸음이었다.

1913년에 설립된 미국의 연방준비제도Fed도 영란은행 시스템을 그대로 도입했다. 민간은행 연합체인 연준은 지금도 매년 주주들에게 6% 배당을 하고 나머지 수익은 정부에 되돌려주고 있다.

이렇게 유대인이 주도해온 금융 통화 시장에 지금 새로운 변화가 일어나고 있다. 그동안 화폐는 두 번에 걸쳐 크게 변화했다. 첫 번째는 '실물화폐'의 등장이다. 대표적인 것이 금과 은이다. 두 번째는 '신용화폐'의 등장이다. 1971년 닉슨 쇼크Nixon Shock로 달러와 금과의 고리가 끊어진 뒤 달러는 미국의 신용에 전적으로 의존하는 신용화폐가 되었다. 세 번째 변화가 바로 '디지털 화폐' 혁명으로 지금 그 기운이 움트고 있다.

세계 중앙은행의 86%가 중앙은행디지털화폐CBDC를 개발 중이며, 중국이 가장 먼저 CBDC를 출시할 계획이다. 또한 민간 분야에서는 비트코인, 이더리움 등 암호화폐 가격이 심하게 출렁거리고 있다. 사지 않으면 나만 낙후될 것 같고FOMO: Fear Of Missing Out, 사두면 급락할 것 같은FUD: Fear Uncertainty Doubt 공포가 사람들을 전전긍긍하게 만든다.

유대인 암호학자들,
기득 통화 금융 세력에 도전하다

◎ **디지털 화폐의 대표 격인 CBDC와 암호화폐는 과연**
   세상을 어떻게 바꿀 것인가

1960년대 중후반의 반체제 히피 운동 이후 1980년대에는 사이퍼 펑크 운동이 일어났다. 사이퍼펑크Cypherpunk란 '암호Cypher'에 저항을 상징하는 '펑크Punk'를 붙여 만든 합성어다. 이들은 군과 정보당국의 전유물이었던 암호 기술을 이용해 거대 집단의 감시에 맞서 개인의 프라이버시를 보호하는 시스템을 개발하기로 했다.

이 운동의 선두에는 유대인 데이비드 차움이 있었다. 그는 미국 정부가 감시와 도청으로 칠레 대통령을 권좌에서 쫓아낸 사실을 알고는 빅 브라더로부터 개인의 프라이버시를 지켜야겠다고 결심했다. 차움은 거래 내역 추적을 막기 위해 암호학을 컴퓨터공학에 적용했다. 그는 26세의 나이로 암호학자이자 컴퓨터과학자 겸 경영학박사로 뉴욕대학 경영대학원 교수가 되자 암호학자들을 결집해야 할 필요성을 느끼고 '국제암호연구학회'를 조직했다.

데이비드 차움은 개인의 프라이버시를 지키려면 무엇보다 개인들의 자금 거래를 추적당하지 않도록 하는 것이 급선무라고 판단했다. 그는 신분을 노출하지 않으면서도 거래할 수 있는 방법을 연구했다. 차움은 무엇보다 먼저 개인의 프라이버시를 지키기 위해서는 감시당하지 않는 '익명통신'이 중요하다고 판단했다.

그는 전자메일을 익명으로 송·수신할 수 있는 '믹스 넷Mix Networks' 기술을 1981년 개발했다. 믹스 넷은 내가 보낸 메일이 바로 상대에게 가지 않고 인터넷상의 여러 지점을 경유해 가도록 함으로써 추적을 어렵게 했다. 이어 그는 통신뿐 아니라 개인 자금 거래의 추적을 피할 방법을 찾아 1983년 거래 당사자의 신분을 노출하지 않는 '은닉 서명'을 개발해 암호화폐의 뼈대를 만들었다.

그는 암호화폐의 연구를 위해 암호학자들의 연대가 절실하다고 여겼다. 1985년 〈빅 브라더를 이기는 방법〉이라는 논문으로 사이퍼펑크 운동에 불을 붙였다. 차움은 암호화폐의 생명은 익명성 강화에

[그림5-3] 비트코인 탄생에 공헌한 유대인 암호학자들(왼쪽부터 데이비드 차움, 아담 백, 닉 재보, 할 핀니)

있다고 보고 1989년과 1991년에 각각 특수 전자서명 기술인 '부인방지서명Undeniable Signature'과 '그룹서명Group Signature'을 개발해 기존 전자서명에 익명성 강화 기능을 보강했다.

그는 1990년 최초의 암호화폐 이캐시Ecash를 개발해 '디지캐시DigiCash'라는 업체를 네덜란드에 설립해 동료 유대인 암호학자와 함께 운영하다 대중적 기술의 부족과 미국 정부의 견제로 실패했다.

다음으로 유대인 암호학자들이 풀어야 할 과제가 단일 화폐 단위가 두 번(이중) 결제되는 이중 지불 문제였다. 암호화폐는 은행을 거치지 않고 거래하기 때문에 반드시 이 문제를 해결해야 했다. 그들은 이 문제를 블록체인 기술을 활용한 '작업증명의 합의 알고리즘' 방식으로 해결했다. 곧 아담 백이 컴퓨터로 특정한 값을 찾는 '작업증명' 알고리즘을 개발해 거래를 증명해주는 '해시캐시' 암호화폐를 설계했다. 그리고 닉 재보Nick Szabo는 비트코인의 전신이라 불리는 '비트 골드Bit Gold' 백서에서 분산 디지털 화폐 메커니즘을 설계했다. 그는 '스마트 계약' 개념을 선보였다. 할 핀니Hal Finney는 재사용 가능한 작업증명을 만들어 'e-머니'를 개발했다. 이렇게 비트코인은 어느 날 갑자기 탄생한 것이 아니라 유대인 암호학자들이 30년간의 개발 끝에 만들어진 결과물이다. 유대인은 아니지만 웨이 다이Wei Dai의 '비머니B-Money'도 비트코인에 상당한 영감을 주었다.

◎ 통화 금융 세력의 이익에 복무하는 달러 시스템

그들은 현 기축통화인 달러가 세계 시민을 위한 통화가 아니라 통화 금융 세력의 이익에 복무하는 통화로 보았다. 그들은 비트코인이 통화 금융 세력의 패권적 횡포이자 금융자본주의의 본질적 문제인 '신뢰 부족, 빈부 격차, 금권 정치, 인플레이션, 통화 교란으로 인한 금융위기' 등에 맞서 싸우는 세계화폐가 될 수 있다는 믿음이 있었다. 통화가 남발되는 글로벌 금융위기의 와중에 비트코인이 공개된 이유였다.

2009년 1월 3일 '사토시 나카모토'라는 익명으로 공개된 최초의 비트코인에 통화가 남발되는 금융위기 실상을 알리는 메시지를 담았다. 이로써 비트코인 발행은 기득권 통화 금융 세력에 대한 도전임을 명확히 했다.

◯ 최초의 거래는 피자 두 판에 7,200억 원

사토시는 경제 현상을 교란시키는 인플레이션과 유동성 확대로 인한 금융위기에 대한 대책으로 비트코인의 발행 수량을 제한했다. 그리고 어느 한 나라의 패권 지향적인 세력들에 휘둘리지 않도록 탈중앙화된 분산원장 기술이 적용되는 비트코인을 만들었다. 그러나 오늘날까지 비트코인을 만든 사토시 나카모토가 누구인지는 밝혀지지 않고 있다.

비트코인이 처음 출시되었을 때 변동성이 커서 교환의 매체나 가치 저장의 수단 등 화폐의 본원적 기능을 하지 못해 많은 사람이 이를 사기라 생각했다. 비트코인을 사용한 최초의 상업적 거래는 2010년 5월 23일 발생했다. 플로리다주에 사는 비트코인 채굴자 라즐로 한예크는 온라인에 '누가 내게 피자 두 판을 시켜준다면 비트코인 1만 개를 주겠다'라고 제안했다. 이 제안을 한 영국인이 받아들여 25달러를 지불해 피자 두 판을 라즐로에게 보내주고 비트코인 1만 개를 받았다. 지금 가격으로 환산하면 피자 두 판에 약 7,200억 원(1비트코인 7,200만 원 기준)을 지불한 셈이다.

◯ 추적 가능한 CBDC 개발 착수

이런 상황 속에서도 일부 금융인들은 블록체인 기술의 우수성과 송금의 신속 간편성, 저렴한 수수료 등이 매력적임을 알아차렸다. 국제결제은행BIS은 각국 중앙은행들에 암호화폐의 장점을 취해 빨리 CBDC를 개발하도록 주문했다. 이로써 많은 중앙은행이 암호화폐 기술을 모방해 추적 가능한 CBDC 개발에 착수했다. 그런데 가장 빠른 행보를 보인 것은 중국이었다.

중국은 4개 도시와 베이징올림픽촌에서 CBDC의 테스트를 마치고 2021년 홍콩 등으로 테스트 지역을 넓힐 계획이다. 2022년 2월 베이징 동계올림픽 개막식에 맞춰 사용할 계획으로 알려졌다. 중국의 CBDC는 인터넷이 없는 곳에서 휴대폰을 서로 부딪치기만 해도 결제와 거래가 가능한 '부딪치기' 기능이 있어 일대일로 국가들과 아프리카 등 개발도상국으로 빠르게 퍼져 나갈 가능성이 크다.

[그림5-4] 맨 아래 오른쪽에 '부딪치기' 기능이 보이는 중국의 CBDC

그러자 다른 나라들이 바빠졌다. 유럽과 다른 나라들도 개발과 테스트를 서두르고 있다. 우리나라도 2021년 안으로 테스트를 마무리할 예정이고, 미국 역시 2021년 말까지 개발을 완료하겠다고 선언한 상태다.

○ 제도 금융권과 암호화폐 간의 융합

미국과 독일 정부는 암호화폐를 디지털 자산으로 인정하며 금융권과 암호화폐의 융합을 추진하고 있다. 2020년 은행이 암호화폐 보관 사업을, 암호화폐거래소는 특별 허가를 받으면 은행업을 할 수 있도록 했다. 그러자 금과 비트코인의 운명이 바뀌기 시작했다. 그간 금과 비트코인은 달러에 대한 대체재이자 인플레이션 헤지 수단으로 방향성이 같았는데, 2020년 10월부터 디커플링Decoupling되었다. 이는 미국 정부의 금에 대한 규제, 곧 8차례 선물 증거금 인상과 레버리지 축소가 진행되면서 기관 투자자들이 비트코인 시장으로 옮겨갔기 때문이다.

여기에 JP모건체이스은행JPM의 송금용 스테이블 코인(달러 연동 암호화폐) 등장, 페이팔과 비자카드의 암호화폐 결제 선언, 유동성 확대로 인한 인플레이션 우려, 리브라 논란, 주식장기보유양도세 인상 공약, 테슬라의 가세 등이 비트코인 가격을 끌어올리고 있다.

2021년 초 미국 통화감독청OCC이 은행의 스테이블 코인 결제와 송금을 전격 허용함으로써 암호화폐가 제도 금융권 안으로 성큼 들어왔다. 하지만 미국은 암호화폐가 화폐의 영역을 넘본다면 엄격한 규제를 가할 것으로 보인다.

앞으로 중앙은행이 발행하는 디지털 화폐가 본격 시행되면 이는 자연스레 화폐 개혁으로 연결된다. 구권을 디지털 화폐로 바꿔 사용해야 하기 때문이다. 그간 지하에 잠겨 있던 종이돈들이 환전을 위해 은행으로 들어가 소유주의 실명을 밝혀야 한다. 현재 세계 지하

경제 규모는 GDP의 20% 정도라고 한다. 그럼에도 노출될 수 없는 돈들은 암호화폐로 몰려갈 가능성이 있다. 우리나라의 경우 1,000 대 1로 교환을 단행하는 '리디노미네이션(화폐 단위 변경)'이 예상되어 화폐 개혁의 속도가 다른 나라들보다 빨라질 전망이다.

◎ JP모건체이스은행, JPM코인 발행

미국 최대 상업은행인 JPM은 은행 간 송금용 스테이블 코인을 개발해 테스트 중이다. JPM코인은 이더리움 기반 기업용 프라이빗 블록체인인 쿼럼Quorum을 사용하고 있다.

달러 주도 결제망인 SWIFT(국제은행 간 통신협정)는 암호화폐에 자극받아 2016년 빠른 송금을 위해 SWIFT GPIGlobal PAYMENT INITIATIVE를 개발해 기존에 2~4일 걸리던 송금·수령 시간을 시차를 감안하더라도 1일 이내에 이뤄지도록 했다.

그러나 JPM 보유 달러에 일대일로 연동된 스테이블 코인인 JPM 코인은 SWIFT보다 빠른 즉시 송금이 가능하고 트랜잭션을 실시간으로 확인할 수 있는 기능이 있다.

JPM의 은행 간 정보 교류 네트워크IIN: Interbank Information Network에는 2020년 1월 기준, 445개 은행이 가입했으며, 우리나라 은행들도 참여하고 있다. 현재 JPM의 기업 고객 간에 이뤄지는 결제 금액은 하루 6조 달러 정도로 추산된다.

JPM은 암호화폐거래소 코인베이스Coinbase와 제미니Gemini에 2020년 3월 대형 은행으로는 처음 은행 서비스를 제공했다. 이는 암호화폐업계로서는 대형 금융권과의 연계라는 나름 의미 있는 행보였다. JPM코인은 이후 달러 외 다른 법정화폐로도 지원을 확대할 예정이며 개인들의 일반 결제에도 진출할 것으로 보인다.

◎ 페이스북의 세계화폐 리브라가 촉발시킨 화폐 전쟁

2019년 6월 페이스북이 암호화폐 '리브라Libra' 백서를 발표했다. 은행 없이도 빠른 송금과 상품 구매를 할 수 있는 암호화폐로 24억 명의 페이스북 회원의 핵폭발적 파급력을 기반으로 추진되었다. 스테이블 코인 리브라의 준비금 법정통화 바스켓 구성은 달러 50%, 유로화 18%, 엔화 14%, 파운드화 11%, 싱가포르 달러 7%로 구축하겠다는 것이었다.

이러한 방침에 미국은 물론 리브라 법정통화 바스켓에 포함된 당사국들이 모두 반대함으로써 페이스북의 리브라 발행 추진이 난관에 봉착했다. 게다가 5년 전부터 독자적으로 위안화 디지털 화폐를 준비해온 중국은 리브라 통화 바스켓에 위안화가 포함되지 않자 위안화 소외 현상을 막기 위해 인민은행 디지털 화폐 추진을 가속화하는 계기가 되었다. 페이스북은 달러 등 지역 기축통화와 연동된 디엠으로 바꿔 계속 추진 중이다.

◯ 중국이 불붙인 디지털 화폐 경쟁

중국의 CBDC 상용화가 가시권에 들어오면서 세계는 숨 가쁘게 움직이고 있다. 중국은 2020년에 4개 도시와 베이징올림픽촌에서 1차 파일럿 테스트를 성공적으로 마치고, 2021년에는 시험 지역을 홍콩 등으로 넓혀 나갈 계획이다.

2021년 11월에는 미국 주도의 SWIFT에 맞서기 위해 만든 '위안화 국제결제시스템CIPS'에 디지털 화폐를 연동시킬 계획으로 알려졌다. 이어 2022년 2월 베이징 동계올림픽 개막식 때 이를 공식적으로 세계 시장에 선보이며 본격적인 상용화에 들어갈 것으로 보인다.

세계 중앙은행의 86%가 디지털 화폐를 개발 중이라고 한다. 이들의 합종연횡合從連衡이 곳곳에서 들려오고 있다. 전 영란은행 총재 마크 커니Mark Carney는 유럽 주도의 '합성패권통화Synthetic Hegemony Currency'를 제안했다. 각국 CBDC를 네트워크로 연결해 일종의 '디지털 공동통화'를 만들어 달러에 대응하는 기축통화로 쓰자고 주장한 것이다.

러시아와 중국은 각각 2014년과 2015년에 SWIFT에 대항하는 국제 결제망 'SPFS'와 'CIPS'를 개발해 사용하고 있다. 이를 통해 중·러 간 무역에서 달러를 사용하는 비중이 90%에서 최근에는 40%대로 줄어들었다. 여기에 인도도 가세했다. 2018년 브릭스BRICS 정상회의에서 5개국이 블록체인 기술을 공동 연구하기로 했다. 이것이 과연 브릭스 경제공동체의 디지털 화폐 개발로 진화할 것인지 여부는 지켜봐야 할 대목이다.

사우디아라비아를 중심으로 하는 이슬람 디지털 통화의 움직임도 있다. 사우디아라비아가 국가 비전으로 '아버 프로젝트Aber Project'를 시작해 1차로 아랍에미리트와 디지털 송금 거래를 추진하고 있다.

이렇듯 세계는 CBDC를 중심으로 '분권화'의 길로 들어서고 있다. 여기에 민간 분야의 스테이블 코인들과 암호화폐까지 가세하면서 통화의 종류가 '다양화'되고 있다. 곧 분권화와 다양화가 미래 통화 시장의 모습이다.

게다가 앞으로는 클릭 한 번으로 외국 디지털 화폐를 사고파는 시대가 온다. 패권 국가들이 기축통화를 공급하던 공급자 중심 통화 시대에서 세계 시민들이 선호하는 통화를 직접 선택하는 소비자 중심 통화 시대로 바뀔 가능성이 있다. 주목해야 할 점은 이러한 화폐

혁명의 변곡점에 우리가 서 있다는 사실이다. 이런 변화의 흐름에 수동적으로 끌려가지 않으려면 변화를 앞장서서 주도해야 한다.

◎ 디지털 화폐 전쟁 시작되다

중국의 CBDC를 가장 주시하고 있는 나라는 미국이다. 달러에 대한 명백한 도전이기 때문이다. 표면상으로 미국은 중국·유럽 등에 비해 CBDC 개발에 가장 뒤처져 있는 듯이 보인다. 하지만 미국의 학계와 정·재계의 움직임을 들여다보면 그렇지만 않다. 학계는 이를 '디지털 화폐 전쟁'이라 규정하고 이에 대비하고 있으며, 하버드대학과 MIT가 이 분야 연구를 주도하고 있다.

실제 2019년 11월 19일 하버드대학 공공정책대학원 케네디스쿨에서 '모의' 백악관 국가안전보장회의NSC를 열어 중국의 디지털 화폐로 인해 벌어질 가상 시나리오를 분석했다. 특히 디지털 화폐를 이용한 북한의 핵무장과 안보 위협이 도마에 올랐다.

이날 회의에는 로렌스 서머스 전 재무장관을 비롯해 애슈턴 카터Ashton Carter 전 국방부 장관, 메건 오셜리번Meghan O'Sullivan 전 국가안보보좌관, 니컬러스 번스R. Nicholas Burns 전 국무부 차관, 게리 갠슬러Gary Gensler 전 상품선물거래위원장 등 20년간 미국의 외교·안보·금

[그림5-5] 하버드대학 케네디스쿨 1층 JFK주니어포럼에서 열린 '디지털 화폐 전쟁' 모의 회의 모습

융 정책을 지휘한 핵심 관료가 모였다.

이들의 모임이 일회성이 아니라 상시적 연구 그룹의 성격을 띠고 있다. MIT는 '디지털 통화 이니셔티브Digital Currency Initiative'라는 MBA 과정을 신설해 암호화폐와 분산원장 기술을 연구하고 있다. 바이든 정권에서 증권거래위원회 위원장으로 발탁된 게리 갠슬러가 이 MBA 과정 교수 출신이다.

어떤 혁신적인 변화가
이뤄지고 있는가

◎ 디파이가 금융계 지각 변동을 몰고 온다

디파이DeFi는 블록체인을 기반으로 암호화폐를 이용한 탈중앙화 금융 서비스를 의미한다. 제로 금리 시대에 이자 수입 등 수익성이 크기 때문이다. 연 7~20%의 이자 수익이 일반화되고 있다. 돈은 속성상 수익이 나는 곳으로 몰리게 마련이다. 이렇다 보니 최근 시장 규모가 큰 폭으로 확대되며 급부상 중이다. 2021년 3월 현재 전 세계 디파이 예치금액Total Value Locked이 418억 달러에 달하며 2020년 3월 5.6억 달러 대비 약 75배 상승한 규모다. 이러한 급상승 추세는 앞으로도 계속될 전망이다.

디파이 시장의 성장은 암호화폐에 대한 활용도 확대에 기인한다. 디파이 서비스 분야는 현재 대출Lending이 47%로 가장 높고 탈중앙화거래소DEX가 36%이며, 점차 자산관리Assets, 파생상품Derivatives 등으로 영역이 다양화되고 있다. 중개 기관 없이 다양한 금융 서비스를 제공할 수 있다는 점에서 디파이에 대한 관심은 앞으로도 크게 증대될 것으로 보인다.

◎ 기존 금융권과 암호화폐거래소 간 칸막이가 제거되기 시작하다

2021년 초 OCC는 금융권의 스테이블 코인 사용을 전격 허가했다. 이에 앞서 OCC는 은행권의 암호화폐 수탁 업무(커스터디)를 허용했고, 암호화폐거래소도 주 정부의 허가를 얻으면 은행 업무를 할 수 있도록 해주었다. 기존 금융권과 암호화폐거래소 간 칸막이의 일부를 열어준 것이다. 금융권이 통섭과 융합의 시대로 들어선 것이다.

현재 우리나라 은행들의 물밑작업도 치열하다. 암호화폐 수탁 업무와 가상자산 업무, 이른바 디지털 자산 유동화 사업 참여를 하기 위해 바쁘게 움직이고 있다. 현재 비트코인의 20%가 비밀번호를 잃

[그림5-6] 미술품 경매회사 크리스티 뉴욕은 2021년 3월 디지털 예술가 비플의 작품 경매를 NFT 방식으로 진행했다

어버려 사장되었다는 현실에서 이제는 안심하고 은행에 보관시킬 수 있는 수탁 업무가 시작될 것이다. 그리고 모든 아날로그 자산은 디지털 자산이 될 수 있다고 한다. 범접하기 힘들었던 고액의 미술품과 강남 아파트들이 디지털 자산이 되어 소액으로 쪼개져 거래되고 있다. 이른바 NFT 시대가 열리고 있는 것이다.

예술품 데이터 분석 플랫폼 크립토아트에 따르면 NFT 기반으로 거래된 예술작품의 총액은 2021년 3월 4일 기준으로 1억 9,740만 달러이고 거래된 작품 수는 10만 점이 넘는다. 2021년 3월 초에는 일론 머스크의 아내이자 가수인 그라임스가 디지털 복제 방지 기술이 적용된 디지털 그림을 온라인 경매에 부쳐 20분 만에 65억 원을 벌었다.[1]

○ 스테이블 코인이 국제 외화 송금의 주역이 된다

금융권의 스테이블 코인 거래 도입이 갖는 의미와 변화는 서서히 드러나겠지만, 그중 하나가 외화 송금 시스템의 급속한 변화가 예상된다는 점이다.

현행 은행 간 국제 외화 송금수수료는 금액에 따라 8~25%라는 고액의 수수료를 지불해야 한다. 이는 거치는 단계가 많기 때문이다. 환전수수료+송금수수료+전용망수수료+수신수수료+환전수수료+현금수수료 등 6단계마다 수수료를 부과하다 보니 이렇게 고율이 된 것이다.

이것이 CBDC로 송금하면 단계가 대폭 축소되어 '환전수수료+송금수수료+환전수수료'의 3단계로

[표5-1] 웨스턴유니온 외화 송금수수료

IN USD	
PRINCIPLE($)	FEE($)
0.00 – 50	13
50.01 – 100	14
100.01 – 200	21
200.01 – 300	27
300.01 – 400	32
400.01 – 500	37
500.01 – 750	42
750.01 – 1,000	47
1,000.01 – 1,250	55
1,250.01 – 1,500	60
1,500.01 – 1,750	70
1,750.01 – 2,000	80
2,000.01 – 2,500	100
2,500.01 – 3,000	120

For each increment of 500 please add $20

축소되어 수수료는 5% 내외로 줄어든다. 그런데 스테이블 코인은 환전할 필요가 없다 보니 환전수수료가 들지 않아 수수료가 2% 내외로 대폭 줄어든다. 나중에는 그마저 제로로 수렴될 것이다. 앞으로 소비자들이 어떤 통화를 송금용으로 선호할 것인지는 불 보듯 명확해진다.

○ 가상과 현실이 결합된 메타버스 시대의 가상화폐

여기에 포스트 코로나 시대에 가장 핫하게 떠오르고 있는 분야가 있다. 바로 가상과 현실을 넘나드는 메타버스다. 메타버스Metaverse는 초월을 의미하는 접두사 메타Meta와 현실 세계를 의미하는 유니버스Universe의 합성어로, 온라인에 구현된 가상 세계를 말한다. 이렇게 가상현실이 실제 현실과 만나는 메타버스 혁신이 가속화되면서 가상화폐가 그 속에서 쓰이고 있다.

메타버스는 게임과 엔터테인먼트 업계에서 활발하게 쓰고 있는 플랫폼이다. 코로나19로 오프라인 공연이 중단된 상황에서 온라인 게임 〈포트나이트Fortnite〉 안에 만들어진 콘서트홀은 전혀 딴 세상이었다. 2020년 4월 〈포트나이트〉 콘서트홀에서 열린 인기 래퍼 트래비스 스콧Travis Scott의 공연에는 1,230만 명이 동시 접속했다. 몇만 명

[그림5-7] 방탄소년단의 〈포트나이트〉 콘서트

을 수용하는 현실의 공연장과는 비교조차 불가능한 입장객 숫자였다. 2020년 9월 방탄소년단도 신곡 〈다이너마이트〉 안무를 〈포트나이트〉에서 처음 공개했다. 〈포트나이트〉 사용자가 BTS 안무 아이템을 구매하면 자신의 아바타가 BTS 춤을 따라서 추게 된다.

최근 대학가에서는 신입생 입학식에 메타버스 기술을 활용하고 있다. 앞으로 미네르바대학Minerva Schools처럼 공간에 얽매이지 않는 가상대학 교육에도 활용될 소지가 있다.

최근 메타버스 시대 대표 주자로 꼽히는 게임 기업 로블록스Roblox가 뉴욕 증시에 상장되었다. 미국 10대가 가장 많은 시간을 보내고 있는 곳이 〈로블록스〉다. 16세 미만 미국 아이들의 절반 이상이 〈로

블록스〉에 가입해 게임을 즐기고 있다. 13세 미만 아이들은 유튜브보다 〈로블록스〉에서 2.5배 정도의 시간을 보내고 있다고 한다. 이제는 전 세계로 〈로블록스〉 열풍이 번지고 있다. 인터넷이나 휴대폰보다 메타버스를 더 혁명적으로 보는 이유다. 궁극적으로 메타버스가게임을 넘어 소셜커머스Social commerce 등으로 사업 영역을 확장하며가상화폐의 영역이 확대될 것이다.

급속하고도 현란한 변화의 물결을 따라가기 버겁다.

투자와 경제의 관점에서
어떤 기회가 다가오는가

◎ **비트코인이 인기를 끄는 이유**

금융권의 암호화폐에 대한 관점이 긍정적으로 바뀌고 있다. 헤지
펀드 등 기관 투자자들이 암호화폐를 대체자산의 하나로 보기 시작
했다. 그들은 자산 포트폴리오 투자 대상으로 금보다 오히려 비트코
인을 선호하고 있다. 제도 금융권이 비트코인의 자산 가치를 인정하
면서 제임스 사이먼스James Simons 등 헤지펀드 거물들이 속속 가상
화폐 시장에 진입하고 있다.

최근 비트코인 투자의 88%는 기관 투자자들에 의해 이뤄지고 있

다. 기관 투자자들이 금보다 비트코인을 선호하는 데는 몇 가지 이유가 있다. 그중 하나는 미국 정부가 악수를 두었다. 곧 미국 정부의 금에 대한 지나친 규제, 곧 2020년 금선물 시장에 8차례의 강력한 규제가 있었다. 증거금 인상과 레버리지 축소가 그것이다. 8월 이후 금값이 떨어지고 있음에도 3차례의 규제가 연속 시행되었다.

그러자 기관 투자가들이 금 시장에서 발을 빼 비트코인 시장으로 넘어가는 바람에 금값은 맥을 못 추고 비트코인이 폭등하기 시작했다. 원래 금과 비트코인은 모두 달러의 대체자산 곧 인플레이션 헤지 수단으로 활용되어 동행성을 보였는데 미국 정부의 규제로 2020년 10월부터 심하게 디커플링되었다. 2011년에도 이런 규제들이 연속적으로 발동되어 당시 금에 투자했던 헤지펀드들이 몇십억 달러씩 손실을 보았던 경험이 있다.

세계 최대 헤지펀드 운영자 레이 달리오Ray Dalio는 지금처럼 유동성이 많이 풀리고 달러 가치가 떨어지는 상황에서는 포트폴리오에 금을 추가할 것을 강력하게 권했다. 그는 '물가연동국채, 금, 원자재' 등에 분산투자할 것을 추천했다. 그는 비트코인에 부정적이었다. 그러던 그가 최근에는 금 대신 비트코인도 가능하다고 입장을 바꿨다.

원래 금과 비트코인은 모두 달러의 대체자산으로 동행성을 보였는데 미국 정부의 규제로 2020년 10월부터 디커플링되기 시작했다.

또 하나는 코로나19로 비대면 언택트 추세가 금 대신 비트코인을 선호하도록 만들고 있다. 고령층은 전통적인 대체자산인 금을 선호하지만, 젊은이들은 비트코인을 좋아한다는 점도 주목할 만하다. 미래 세대의 대체자산은 비트코인인 것이다.

현재 세계적 글로벌 자산운용사 대부분이 디지털 자산 사업을 추진하고 있다. 예컨대 세계 최대 자산운용사 블랙록이 골드만삭스와 함께 대형 블록체인 사업을 추진하는 중국 은행들과 손을 잡았다. 뱅가드는 최근 기업용 블록체인 솔루션 기업인 심바이온트Symbiont와 뉴욕멜론은행, 씨티은행과 협업해 블록체인상에서 디지털 자산 유동화 증권을 발행하는 파일럿 테스트를 완료했다. 스테이트스트리트는 가상자산거래소 제미니와 협력해 디지털 자산 관련 사업을 수행하고 있다.

피델리티는 글로벌 자산운용사 중에서 디지털 자산 관련 사업에 가장 적극적이다. 피델리티는 아예 디지털 자산만 전담해 취급하는 피델리티 디지털 자산 홀딩스를 설립해 관련 사업을 수행하고 있다. 피델리티는 자체적으로 비트코인을 채굴하고 비트코인 수탁과 트레이딩 서비스를 고객들에게 제공하고 있다.

2013년 설립된 미국의 신생 자산운용사 그레이스케일Grayscale은 비트코인 투자상품을 주축으로 하는 디지털 자산 전문 투자 서비스를 제공하고 있다. 비트코인 투자상품을 론칭한 이후 이더리움, 비트코인 캐시, 리플, 이더리움 클래식, 디지털 자산 라지캡Large-Capital 등으로 투자상품 포트폴리오를 확대하고 있다. 일반 투자자들뿐 아니라 기관 투자자들도 그레이스케일을 애용하고 있다. 그레이스케일은 자사의 신탁펀드GBTC에 2020년 11월 20일 기준, 52만 개 이상의 비트코인을 담가두고 있다.

◯ 헤지펀드 거물들 가상화폐 시장 진입

기관 투자자들뿐 아니라 메이저 은행들도 가세하고 있다. JPM은 2020년 5월 메이저 은행으로는 최초로 가상자산거래소(코인베이스와 제미니)에 은행 서비스를 제공했다. 즉 은행을 통한 비트코인 실명계좌 개설을 허용한 것이다. 우리나라의 K뱅크도 아직 특금법 시행령이 확정되지 않았는데도 발 빠르게 공격적인 행보를 내디뎠다. 2020년 6월 업비트 가상화폐거래소와 손잡고 비대면 실명계좌 개설을 통한 입출금 서비스를 개시한 것이다.

기업들도 가담하기 시작했다. 나스닥 상장 기업 마이크로스트래티지가 2021년 하반기 2차에 걸쳐 4억 2,500만 달러에 상당하는 비트코인 투자를 단행했다. 자사 포트폴리오의 일환이자 인플레이션 헤징 수단의 하나로 금 대신 비트코인 3만 8,250개 취득을 선택한 것이다. 시장도 이를 반겨 마이크로스트래티지의 주가가 상승했다.

시장이 긍정적인 반응을 보인 것이다.

개인들의 반응도 뜨겁다. 미국의 2020년 비트코인 투자자는 약 3,200만 명으로 저변이 확대되고 있다. 2021년 5월 기준 5,000만 명이 넘어선 것으로 보인다. 이제는 정치권도 이들을 무시할 수 없는 처지가 되었다.

그런 가운데 트위터의 최고경영자 잭 도시가 운영하는 가상화폐 모바일 결제업체 스퀘어Square 수익의 절반이 비트코인 거래에서 나오고 있다. 2020년 2분기 스퀘어의 모바일 결제 앱인 캐시 앱Cash App의 비트코인 거래 매출은 총 8억 7,500만 달러로 전년 동기 대비 600% 증가했다. 비트코인 열풍이 기관 투자자들에 의해 주도되면서 은행·기업·개인들도 가세하는 전방위적 추세임을 알 수 있다.

◎ 페이팔의 암호화폐 결제와 거래

비트코인 가격을 끌어올리는 또 다른 요소는 페이팔PayPal의 암호화폐 거래 지원 소식이다. 이로 인해 비트코인이 2020년 10월에만 30% 급등했다. 온라인 결제 기업인 페이팔이 비트코인과 이더리움, 라이트코인, 비트코인캐시 등 4종의 암호화폐로 결제하는 시스템을 2021년부터 지원하기로 한 것이다.

페이팔은 전 세계 3억 5,000만 명이 이용하는 세계 최대 온라인 결제 기업이다. 2,600만 개의 페이팔 가맹점에서 암호화폐로 결제하면 이를 원하는 통화로 환전해 전송·결제하는 방식이다. 페이팔이 암호화폐와 실제 화폐를 환전해 거래를 중개한다는 것은 암호화폐 결제 거래 활성화에 일대 전기를 마련하는 것은 물론 암호화폐 거래의 공식적인 제도권 편입을 의미한다.

비트코인 가격이 치솟는 이유

① 강력한 금 규제 → 기관 투자자들 비트코인으로 옮겨감

② 유동성 확대 → 인플레이션 우려 → 헤징 투자(비트코인은 21만 개로 제한)

③ 버블 붕괴로 자산가격 급락 우려 → 포트폴리오 차원에서 분산 투자

④ 제도 금융권 암호화폐 시장 진입 확대, 암호화폐 생태계층 두꺼워져

⑤ 미국의 직접 규제가 쉽지 않다(세계 수천 개 암호화폐거래소)

⑥ 페이팔 효과(회원 수 3억 5,000만 명, 2,600만 가맹점) → 암호화폐 구매와 거래 쉬워져

⑦ 바이든 효과(재정 확대, 친親암호화폐 인사들 포진)

⑧ 법인세와 장기보유주식양도세 인상과 주식 시장의 자사주 매입 감소

⑨ 그레이스케일 투자신탁 증가(2020년, 20억 달러 → 247억 달러), 6개월 장기 투자, 기관 투자 87%

⑩ 전 브룩스 OCC 청장의 기존 금융과 가상자산 융합 추진(교차 허가, 칸막이 헐어)

⑪ CBDC 본격 도입되면 암호화폐 사용 증가

⑫ 채굴 물량 공급 감소 및 현금화 부진, 중국 암호화폐 집중 단속

⑬ 제로금리 시대의 디파이 등장

⑭ 모든 자산 시장의 토큰화(NFT)

⑮ 금융권, 스테이블 코인 거래와 송금 도입

⑯ 테슬라 투자(15억 달러)

⑰ 비자, 마스터카드의 USDC 스테이블 코인 결제

⑱ 일부 상장 기업들이 보유자산 포트폴리오 일환으로 비트코인 매입

⑲ 메릴린치, 블랙록, 골드만삭스, 씨티은행 등의 투자 가능성 거론

⑳ 거래소 유통 물량 급감(2020년 5월, 280만 개 → 220만 개 이하로 감소)

[그림5-8] 전체 거래소가 보유하고 있는 BTC 총량

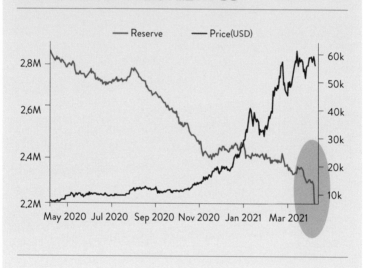

◎ JP모건, 이더리움이 비트코인 시총 넘어선다

2021년 4월 하순 JP모건은 이더리움이 유동성·회전률 측면에서

비트코인을 압도하고 있으며 이러한 추세는 계속되어 이더리움이 비트코인의 시총을 추월할 것이라고 전망했다. 실제 비트코인의 마켓 점유율은 하락하고 있는 반면 이더리움의 점유율은 상승하고 있다. 이런 배경에는 디파이와 NFT 분야가 급성장하고 있기 때문이다.

이더리움의 거래소 유통 물량이 급격히 줄어들고 있다. 이는 비트코인과 마찬가지로 거래소 거래에 필요한 수량과 담보대출 등으로 묶이는 물량이 늘어나기 때문이다. 이러한 감소 추세는 디파이, NFT, 메타버스 분야가 발전할수록 더 심해질 가능성이 크다. 지난 10개월 사이에 20% 이상 감소했다.

이더리움 가격이 치솟는 이유

① 비트코인이 '디지털 금'이라면, 이더리움은 '디지털 오일'로 비견됨

② 가상자산 생태계가 확대되고 있음

③ 이더리움은 스마트 콘트랙트 플랫폼임. 이더리움 위에서 구동하는 댑 (DApp) 토큰이 계속 늘어나고 있음

④ 탈중앙화 금융(디파이)과 대체 불가 토큰(NFT) 산업이 급속히 확대 중임

⑤ 디파이 예치 이더리움 물량 증가

⑥ 이더리움 지분증명(PoS) 예치 물량 증가

⑦ 기관 투자의 투자 증가

⑧ 다우존스 인다이시스 지수 제공으로 제도권 금융의 투자 증가 예상됨

⑨ JP모건의 '이더리움, 비트코인 추월 전망'

⑩ 거래소 유통 물량 감소

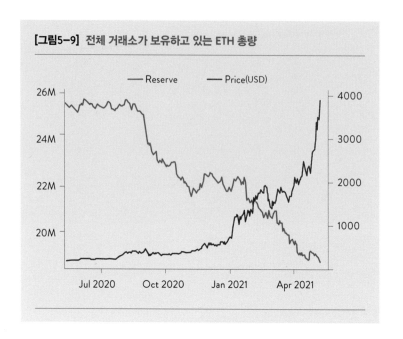

[그림5-9] 전체 거래소가 보유하고 있는 ETH 총량

○ 디파이 관련 코인의 상승 가능성이 크다

디파이 서비스 분야는 대출, 탈중앙화거래소DEX: Decentralized Exchange, 자산관리, 파생상품 등으로 나눌 수 있는데, 대출은 가상자산을 담보로 대출 서비스를 제공하는 플랫폼인 '메이커다오'와 '컴파운드Compound'가 있다.

DEX는 스마트 계약을 활용해 참여하는 모든 개인이 재산을 보관하고 거래 규칙을 시행해 거래를 실행하는 시스템으로 '유니스

[그림5-10] 코인마켓캡에서 디파이를 검색한 화면

# ▲	Name	Price	24h %	7d %	Market Cap ⓘ	Volume(24h) ⓘ	Circulating Supply ⓘ	Last 7 Days
11	Chainlink LINK	$43.07	▲ 14.97%	▲ 8.26%	$19,273,380,875	$2,723,384,051 59,207,253 LINK	ⓞ 419,009,556 LINK	
12	Uniswap UNI	$35.33	▲ 9.65%	▼ 13.71%	$19,038,488,138	$739,507,762 20,329,698 UNI	ⓞ 523,384,244 UNI	
20	Wrapped Bitcoin WBTC	$55,627.74	▼ 3.44%	▼ 2.82%	$9,689,795,911	$397,182,477 7,104 WBTC	173,315 WBTC	
28	Terra LUNA	$15.95	▲ 6.59%	▲ 8.59%	$6,165,645,774	$501,969,194 31,397,247 LUNA	385,649,770 LUNA	
29	PancakeSwap CAKE	$35.89	▲ 6.89%	▼ 15.08%	$5,931,024,489	$404,370,504 11,242,703 CAKE	164,900,129 CAKE	
32	Aave AAVE	$423.44	▲ 6.76%	▼ 16.67%	$5,385,801,454	$442,748,019 1,026,599 AAVE	ⓞ 12,488,046 AAVE	
36	Maker MKR	$4,893.76	▲ 7.23%	▼ 14.28%	$4,930,676,893	$310,486,516 62,671 MKR	ⓞ 995,239 MKR	
38	Dai DAI	$0.9996	▲ 0.01%	▲ 0.16%	$4,746,198,583	$563,352,803 563,507,734 DAI	4,747,503,870 DAI	
40	Avalanche AVAX	$32.62	▼ 14.54%	▲ 8.59%	$4,247,025,908	$408,767,316 12,403,372 AVAX	ⓞ 128,869,019 AVAX	

Uniswap'과 '스시스왑SushiSwap' 등이 있다.

국내 기업이 발행한 코인으로는 '테라-루나'가 디파이 서비스를 비롯한 다양한 블록체인 서비스를 내놓고 있다. 최근 들어 카카오, 네이버 같은 빅 테크 기업에서도 블록체인 사업을 담당하는 자회사를 통해 디파이 사업으로 확장을 시도하고 있는 것으로 보인다.

코인마켓캡 사이트[2]에서 디파이를 검색하면 시총 순으로 자세히 나와 있다.

◎ 투자 시 주의해야 할 사항

(1) 가상자산 시장은 주식 등 다른 자산 시장에 비해 아직 시장 규모가 크지 않아 가격 변동성이 매우 큰 편이다. 따라서 가급적 레버리지를 활용한 선물 거래나 마진 거래는 하지 않는 게 좋다. 업력이 짧은 아마추어들은 청산당하기 십상이다.

(2) 또한 가상자산 시장은 아직 소비자 보호를 위한 규제 장치와 법적 조치가 미약하다. 따라서 모든 투자 행위를 자기 책임하에 투자해야 한다.

(3) 그리고 대부분의 전문가가 알트코인의 99%는 사라질 것이라고 경고하고 있다. 더구나 잡코인의 경우, 먹튀나 사기 등이 많다는 점 역시 명심해야 한다.

6장

디지털 자산 시대의
부와 권력의 이동

박성춘

동국대학교 국제정보보호대학원 블록체인연구센터장이자 블록체인 기술 전문업체 ㈜앤드어스 대표다. 국가보안기술연구원(NSRI) 선임연구원과 한국인터넷진흥원(KISA) 기술기반팀장을 거쳐 ㈜비씨큐어 대표이사를 역임한 바 있다. 블록체인 전문가로서 행정자치부 지능형정부 중기계획 수립과제반 전문위원을 맡았으며, 미래창조과학부 산하 블록체인오픈포럼 기술개발/정보보호 분과장으로 활동했다. 동국대학교 산학협력단 연구초빙교수로서 학생들에게 암호학 및 블록체인에 대해 강의하고 있으며, 여러 매체를 통해 블록체인 및 암호경제에 대한 전문가 의견을 활발히 전달하고 있다. 또한 EBS 〈클래스ⓔ〉를 통해 '암호화폐와 블록체인'이라는 주제로 10회 강연을 하였으며, 기업인과 일반인을 대상으로 830여 회 강연을 진행하는 등 블록체인 대중화를 위해 노력하고 있다.

과거의 역사에서
배우자

1장에서 "미래의 부와 권력은 암호화폐를 이해하는 사람의 몫이다"라고 이야기했다. 그리고 암호화폐는 탈중앙화 방식의 블록체인을 활용해 발행되고 암호 기술을 이용해 안전성을 확보한 디지털 자산의 가치를 표현한 것으로 정의했다. 무엇보다도 블록체인 비전 및 목표인 암호 경제 활성화를 위한 암호화폐의 의미와 가치에 대해 설명했다. 암호화폐는 새롭게 창출하는 미래 경제 생태계(암호 경제: P2P 경제)의 핵심 요소이며, '디지털 자산과 블록체인 혁명'을 완수하는 매개체이자 촉매제다.

6장에서는 디지털 자산과 블록체인 혁명을 통해 비약적으로 달라질 미래에 관해 이야기하고자 한다. 머지않은 미래에 우리는 일상에서 암호화폐를 자연스럽게 쓰게 될 것이고 디지털 자산으로 부를 축적하는 시대에 살게 될 것이다. 이러한 미래는 생각보다 더 빠르게 다가올 것이다.

이미 디지털 자산의 글로벌 표준화가 진행되고 있으며, 전 세계 사람이 공통으로 표현하며 사용할 수 있는 디지털 자산에 대한 합의가 이뤄지고 있기 때문이다. 이제 토큰을 이용해 부동산을 거래하고, 일반 기업들은 기업의 유·무형 자산을 디지털 자산으로 전환하게 될 것이며, 수익을 창출하는 비즈니스 모델로서 암호화폐와 블록체인을 필수적으로 검토하게 될 것이다. 개인들은 표준화된 디지털 자산 시장 안에서 더욱 안정적으로 거래를 주고받으며 새로운 미래의 부를 축적하게 될 것이다.

그래서 필수 지식으로서 암호화폐가 만드는 새로운 세상에 대해 차근차근 설명하고자 한다. 새로운 세상을 만들어가야 할 정부의 정책 결정자와 기업 실무자는 물론 암호화폐와 관련 없는 일반 개인도 반드시 알아야 하는 내용으로 함축적으로 설명했다. 특히 끝부분에 개인 투자자들이 버블 가능성이 있는 암호화폐에 현혹되지 않고, 건전한 암호화폐를 판단하는 방법에 대해 제시했으니 판단 지표로 삼아볼 수 있을 것이다.

오늘날 우리는 인터넷이 없으면 일상이 마비될 수밖에 없는 세상을 살아가고 있다. 인터넷 없는 세상을 상상조차 할 수 없는 것처럼, 앞으로 디지털 자산과 블록체인이 만들어갈 세상 또한 우리 삶의 대부분을 크게 바꿀 것이다. 이미 도착한 미래 세상 속으로 들어가 보자.

'디지털 자산과 블록체인 혁명' 시대의 부와 권력을 차지하기 위해서는 '인터넷 혁명' 시대를 경험한 과거 우리의 역사 속에서 실마리를 찾을 수 있을 것이다.

1990년대에 '인터넷 혁명'이 일어나고 있는 현장 속에서 2가지 경향의 그룹이 있었다.

첫 번째 그룹은 '인터넷 혁명' 시대를 예측하지 못하고 심지어 부정했던 그룹이다. 대표적인 기업으로 IBM과 노키아가 있다. IBM은 마이크로소프트 창업자인 빌 게이츠가 투자를 요청했을 때 거부한 사건은 역사적으로 잘 알려져 있다. 결과는 어떠했는가. 1990년대 전 세계 휴대폰 시장 점유율을 차지했던 노키아는 스마트폰 시대에 한순간 뒤처진 결과로 역사 속으로 사라졌다.

두 번째 그룹은 '인터넷 혁명'을 예견해 '정보가 곧 돈'이라는 개념을 정확히 이해하고 정보 중심의 사업을 주도한 그룹들이다. 현재 모든 사람이 알고 있는 세계적인 기업이 여기에 속한다.

오늘날 새로운 '블록체인 혁명' 시대에 과거와 같은 똑같은 상황이 반복되고 있어 매우 안타깝다. 특히 암호화폐에 대한 이해 부족으로 더욱더 그런 것 같다. '인터넷 혁명'이 정보 혁명이었다면 '블록체인 혁명'은 디지털 자산의 혁명이며, 디지털 자산은 바로 암호화폐이기 때문이다.

과거의 역사를 반추해, 부와 권력의 이동 지점이 어디인지 명확히 분석해 새로운 부와 권력을 차지해야 한다.

"

블록체인 혁명

디지털 자산 세상의 부와 권력의 혁명적 이동

"

COIN
WAR

사이버 패러다임과
블록체인 패러다임이 가져온 혁신

◎ 사이버 패러다임, '인터넷 혁명'은 과연 성공했을까

1980년대 후반부터 우리나라에는 인터넷 열풍이 불기 시작했다. '인터넷 혁명'이란 기존의 종이 문서와 사람이 중심이 된 비즈니스 모델이 고도로 발달한 컴퓨터와 인터넷을 활용해 IT 기반의 비즈니스 모델로 혁신하는 것을 의미한다. 이러한 흐름을 나는 사이버 패러다임이라 명명했다. '인터넷 혁명'의 흐름 속에서 1990년대 유행했던 리엔지니어링Reengineering 또는 리스트럭처링Restructuring 용어들을 기억하고 있을 것이다. 리엔지니어링이란 기존의 일을 하는 방식(프로세

[그림6-1] 사이버 패러다임과 리엔지니어링

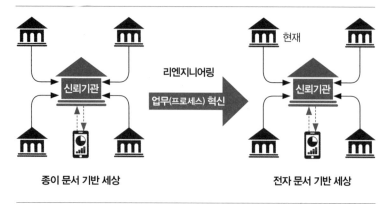

스)의 혁신이다. 사람과 종이가 하는 일의 방식이 컴퓨터(인터넷)와 전자 문서 기반으로 전환하는 하는 방법이라고 생각하면 된다[그림 6-1].

'인터넷 혁명' 흐름에 따라 미래 세상(현재 세상)은 정보를 지배하는 자가 세상을 지배하게 될 것이라는 많은 전문가의 예측이 있었다. 가장 대표적인 사람이 미래학자 앨빈 토플러로《제3의 물결》이라는 미래 예측 서적을 출판했다.

이에 우리나라도 미래 세상의 IT 강국이 되기 위해 '인터넷 진흥 정책'을 국가 정책으로 추진했다. 특히 인터넷을 미래 세상의 인프라로 간주해 초고속 국가정보통신망 사업을 전략적으로 추진했으며, 그 결과 우리나라는 세계 최고 속도의 국가 기간 5대 전산망을 구축

6장 디지털 자산 시대의 부와 권력의 이동

한 인터넷 강국이 되었다. IT 강국이 되기 위해 미래 세상이 인터넷 인프라를 기반으로 사이버 세상이 될 것을 예측해 인터넷 진흥 정책을 국가의 주요 전략으로 추진했다.

한편으로 우리나라는 '인터넷 혁명' 시대에 미래 세상의 인프라 구축에는 성공했으나, 관련 산업 육성은 성공하지 못했다. 즉, 우리나라는 IT 인프라 강국이지 IT 관련 산업 강국은 아니라는 것이다. 페이스북, 구글, 아마존 등 현재 세계 최대의 IT 관련 대기업들은 우리나라에서 창출되지 못한 안타까운 역사가 있다는 것이다. 물론 이러한 아픈 역사는 우리나라의 규제 정책과 맞물려 있다.

> "
>
> 사이버 패러다임
>
> 부와 권력의 주도권이 전통 산업에서 정보 산업으로 이전
>
> "

현재 인터넷 세상의 모든 비즈니스 모델에는 하나의 공통점이 존재한다. 비즈니스 모델의 안정성과 신뢰성을 담보하기 위해 우리가 신뢰하는, 아니 신뢰할 수밖에 없는 신뢰기관이 필요하다는 것이다. 그리고 신뢰기관의 안정성·신뢰성을 담보하기 위해 신뢰기관을 관리하는 법·제도를 만들었으며, 신뢰기관의 안정성·신뢰성에 문제가 생길 때마다 더욱더 강한 규제의 틀을 통해 신뢰기관을 관리해왔다.

그러나 가장 중요한 문제는 신뢰기관의 정보·신뢰의 독점으로 인한 부와 권력의 집중이다. 부와 권력의 집중으로 인해 인터넷 세상은 수많은 사회적·경제적·정치적 문제를 일으키고 있는 것 또한 현실이다.

"
인터넷 세상의 본질적인 문제

부와 권력의 집중
"

○ 블록체인 패러다임 혁명은 놓치지 않아야 한다

신뢰기관 중심의 중앙집중적 비즈니스 모델의 부와 권력의 독점 문제를 해결할 수 있는 사이버 패러다임 이후의 새로운 혁명적 물결인 '블록체인 혁명'이 우리에게 다가오고 있다.

'블록체인 혁명'이란 인터넷 세상의 중앙집중 방식 비즈니스 모델을 P2P 비즈니스 모델로 혁신하는 것을 의미한다. 이러한 흐름을 나는 사이버 패러다임과 대비해 블록체인 패러다임이라 명명했다. 그리고 사이버 패러다임을 실현하기 위해 리엔지니어링을 하듯이 우리는 다시 한번 블록체인 리엔지니어링을 해야 하는 시기에 와 있다[그림 6-2].

[그림6-2] 블록체인 패러다임과 블록체인 리엔지니어링

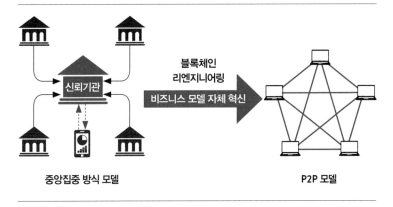

블록체인
리엔지니어링

비즈니스 모델 자체 혁신

신뢰기관

중앙집중 방식 모델

P2P 모델

사이버 패러다임과 블록체인 패러다임의 차이는 크게 2가지로 설명할 수 있다. 첫 번째 사이버 패러다임에서는 근간이 되는 것이 전자 문서인 반면, 블록체인 패러다임의 근간이 되는 것은 디지털 자산(암호화폐)이라는 것이다. 두 번째 차이는 사이버 패러다임은 비즈니스 모델의 혁신이 아닌 일을 하는 방식(프로세스)의 혁신이라면 블록체인 패러다임은 비즈니스 모델 자체의 혁신(비지니스 모델 자체를 재구성)이라는 것이다. 이런 연유로 블록체인을 파괴적 기술이라고 부르기도 한다.

비즈니스 모델 자체를 혁신한다는 것은 매우 중요한 의미를 내포하고 있다. 기존의 비즈니스 모델의 신뢰성 확보로 인해 필요한 주요 구성원(신뢰기관·중개자 등)의 위상(역할·기능 등)이 전환된다는 것이

다. 금융 생태계의 경우 신뢰성을 확보해주는 주요 구성원인 은행들의 위상이 재조정된다는 것을 의미한다.

간단하게 해외송금을 생각해보자. 해외송금의 경우 현재의 주요 구성원은 은행과 스위프트망이다. 이들의 역할은 송금자의 신원 확인, 송금자의 잔고 증명, 국제 은행 간의 송금, 정산 및 수신자의 신원 확인 등 여러 가지 기능을 수행한다. 이러한 신뢰기관의 역할을 수행하는 대가로 환전수수료, 송금수수료, 수취수수료 등을 각자의 역할에 따라 받고 있는 실정이다.

그러나 비트코인을 이용해서 해외송금을 할 경우 금융 생태계의 주요 구성원인 은행·스위프트망 등의 역할이 필요 없이 송금인이 직접 수취인에게 해외송금을 할 수 있게 된다. 중요한 것은 우리가 지금까지 경험하지 못했던 새로운 금융 생태계가 형성된다는 것이다.

포스트 코로나 시대를
대비하는 프로토콜 경제

◯ **프로토콜 경제는 어떻게 더불어 잘사는 세상을 만드는가**

박영선 전 중소벤처기업부 장관이 2020년 11월 19일 '컴업COMEUP 2020' 개막식에서 프로토콜 경제를 제창했다. "포스트 코로나 시대 는 플랫폼 경제에서 프로토콜 경제로 전환될 것"이라고 말하고 "프 로토콜 경제를 나눔공정의 새로운 경제 시스템"이라고 언급했다. 그 는 프로토콜 경제에 대해 경제 시스템의 규약, 규칙을 사용자들이 협의해서 정하고 이에 따라 운영하는 시스템이라고 설명했다.

박 전 장관은 KTV 국민방송 토크쇼 〈총리식당〉에 출연해 "조금 어려운 얘기지만 프로토콜 경제를 전파해볼 생각"이라 말했다고 전해진다. 그리고 정세균 전 국무총리도 박영선 전 장관의 '프로토콜 경제' 구상에 '탁견'이라며 크게 공감했다고 한다.

프로토콜 경제란 탈중앙화를 통해 여러 경제 주체를 연결하는 새로운 형태의 경제 모델로, 플랫폼 경제의 대안으로 제시되고 있다. 즉, 프로토콜 경제는 블록체인 기술을 활용해, 탈중앙화·탈독점화를 추구해 플랫폼 경제의 독점적 비즈니스 환경과 그에 수반하는 문제점을 해결할 수 있는 방법이라는 것이다. 따라서 프로토콜 경제는 블록체인 기반의 기술을 이용해 플랫폼에 모인 개체가 합의한 뒤 일정한 규칙(프로토콜)을 만드는 등 참여자 모두에게 공정과 투명성을 확보하는 참여형 경제 모델을 말한다.

프로토콜 경제의 핵심은 '더불어 잘사는 자본주의' 실현이 핵심이다. 프로토콜의 의미는 규칙·규약이다. 프로토콜 경제에서는 블록체인 기술을 활용해 플랫폼 참여자 간의 합의를 통해 규칙·규약(프로토콜)을 정한다는 것이다. 그리고 발생하는 수익을 참여자들이 공정하게 나누자는 것이다. 이는 협동조합의 운영 방식과 유사하다고 생각하면 된다. 조합원들이 규약을 만들고 이익을 분배하는 개념과 같다.

박영선 전 장관이 프로토콜 경제의 주요 사례로 배달의민족을 이야기했다. 플랫폼 기업인 배달의민족의 성공은 배달 노동자(라이더)

와 자영업장(식당)의 역할도 중요한데, 기업 가치의 상승은 배달의민족(투자자 포함) 기업에 집중되어 있다는 것이다. 이러한 사례에는 거대 플랫폼 기업들인 택배 노동자가 있는 쿠팡, 드라이버가 있는 우버 및 아마존도 해당된다.

더 중요한 것은 플랫폼 기업들이 자신의 이익의 극대화를 위해 참여자(라이더, 드라이버, 택배 노동자 등)들의 동의 없이 업무 범위 및 수익 분배 규칙을 임의로 바꾼다는 것이다. 즉, 부와 권력의 독점이다.

프로토콜 경제의 핵심은 플랫폼 경제에서 발생하는 부와 권력을 탈중앙화해 상생할 수 있도록 하자는 것이다.

> "
> 프로토콜 경제의 핵심
> 부와 권력의 탈중앙화를 통한 상생 경제
> "

중소벤처기업부는 프로토콜 경제를 2020년 주요 경제 정책 방향으로 설정하고 세부 정책을 입안 중이다. 우선 블록체인 벤처·스타트업 육성을 비롯해 대기업과 스타트업이 함께 문제를 해결하는 '대-스타 해결사 플랫폼'에서 프로토콜 경제 사례를 발굴한 후, 블록체인 기술과 프로토콜 경제를 중소기업에 적용할 수 있는 세부 방안을 도출하는 것이 목표인 것 같다.

◯ 프로토콜 경제와 암호 경제의 차이

프로토콜 경제에 대한 사회적 합의는 아직 이뤄지지 않은 것 같다. 비전과 목적은 개념적으로 이해되나, 구체적인 정의 및 실현 방법에 대해서는 논란이 아직 많은 것 같다. 특히 비전과 목적은 암호 경제의 비전과 목적과 유사한 것 같다. 그리고 블록체인 기술을 활용한다는 것은 동일하다.

암호 경제 관점에서 프로토콜 경제와 암호 경제의 차이점은 블록체인 기술 활용 여부, 부와 권력의 탈중앙화 방법 및 암호화폐의 필요성 여부 3가지로 축약할 수 있다.

(1) 블록체인 기술의 활용 여부다. 박영선 전 장관은 블록체인 활용 여부에 대해, 블록체인 없이도 프로토콜 경제가 실현 가능하다고 말했다. "블록체인은 프로토콜 경제를 정착시키는 하나의 수단이다. 서로의 장부를 들여다볼 수 있다는 장점이 있으니까 블록체인 기술이 필요하다는 거지, 프로토콜 경제가 블록체인 경제라는 뜻은 아니다." 이는 블록체인 기술의 의미(인프라 기술)를 오해한 것 같다. 블록체인 기술이 필요하지만, 블록체인 경제(암호 경제)는 아니다?

(2) 프로토콜 경제의 핵심인 부와 권력의 탈중앙화를 실현하는 방식이다. 프로토콜 경제를 실현하는 방법으로 박영선 전 장관은 미

국의 사례로 우버를 들었다. 미국 증권거래위원회가 우버와 같은 플랫폼 기업의 참여자들에게 현금 대신 지분을 연봉의 15%까지 지급할 수 있도록 허락했다는 것이다. 이는 부의 탈중앙화를 위해 지분을 활용한 방법으로 법·제도적 해결 방안이다. 물론 법적으로 가능한지는 별개의 문제로 본다. 필요하다면 법을 제·개정하기를 바란다. 반면 암호 경제는 원천적으로 부의 권력의 탈중앙화 방식을 기술적으로 해결하는 것이다. 이는 법·제도 운영에 따른 다양한 문제를 해결할 수 있는 더 효율적인 방법이라는 것이다.

(3) 차이점은 암호화폐의 활용 여부다. 초기에 프로토콜 경제를 제창했을 때는 암호화폐 없이도 가능하다고 했다. 아마도 정부의 암호화폐 전면 금지 정책과 관련되어 있을 것 같다. 그러나 프로토콜 경제의 성공 사례로 언급하는 것들의 대부분은 암호화폐를 활용(토큰 생태계)하고 있다.

특히 국내 대표적인 사례로 언급하는 보이스루도 마찬가지다. "우리나라에 보이스루라는 영상 자막 번역 스타트업이 있다. 거기가 번역가에게 코인을 지급하겠다고 블록체인 기술을 개발 중인 것으로 안다." 그리고 프로토콜 경제에서 암호화폐가 필요하게 될 것이라고 언급했다.

이러한 측면을 모두 분석해보면 정부의 부정적인 암호화폐 정책(인정하지 않고 전면 금지 정책)으로 인해 암호 경제(블록체인 경제)란 용어를 사용하기가 부담스러웠던 것 같다. 블록체인과 암호화폐 전문가가 이해하는 관점에서는 프로토콜 경제는 암호 경제의 다른 표현인 것 같다.

> "
>
> 프로토콜 경제는 곧
>
> 암호 경제
>
> "

그러나 중요한 것은 용어가 아닌 미래 경제 생태계의 특성을 이해했다는 것이다. 블록체인 철학 및 사상인 부와 권력의 탈중앙화로 '더불어 함께 잘사는 경제'를 실현한다는 것이며, 그 형태는 토큰 생태계로 나타난다는 것이다.

정부 정책으로 살펴보는 암호화폐의 미래

○ 한국판 뉴딜 정책, 무엇에 집중해야 하나

정부는 미래 대한민국의 성장 동력 확보를 통한 국가 경쟁력 확보를 위해 한국판 뉴딜 정책을 강력히 추진하고 있다. 한국판 뉴딜 정책은 크게 디지털 뉴딜, 그린 뉴딜, 안전망 강화 3가지 분야로 나눠진다. 그러나 현재 추진 중인 한국판 뉴딜 정책은 블록체인 패러다임 관점이 아닌 사이버 패러다임의 연장선상에서 추진되고 있는 것이 매우 안타깝다. 물론 이런 상황은 정부 관계자들이 블록체인과 암호화폐에 대한 이해 부족에서 출발한다. 더 중요한 것은 블록체인과 암호화폐를 이해할 마음이 없는 것 같다는 것이다.

한국판 뉴딜 정책이 사이버 패러다임의 연장선상이란 기반 인프라를 인터넷으로 하고, 중앙집중 방식 모델을 유지한다는 것이다. 예를 들어 한국판 뉴딜 정책의 한 분야인 디지털 뉴딜 정책은 어떤가. 디지털 뉴딜 정책은 크게 D·N·A\ :sub:`Data, Network, AI` 생태계 강화, 교육 인프라 디지털 전환, 비대면 산업 육성 및 사회간접자본\ :sub:`SOC` 디지털화 4가지로 나눠진다. 이 중에서도 D·N·A 생태계 강화 분야를 살펴본다.

D·N·A 생태계 강화 정책의 핵심은 디지털 신제품·서비스 창출 및 우리 경제의 생산성 향상을 위해, 모든 산업의 데이터·5세대이동통신\ :sub:`5G`·AI 활용·융합 가속화다. D·N·A 생태계 강화 정책을 개념적으로 표현하면 [그림6-3]과 같다.

D·N·A 생태계 강화 정책의 주요 내용은 IoT/모바일을 통한 빅데이터 확보, 확보된 빅데이터 활용을 위한 빅데이터 플랫폼 및 이

[그림6-3] D·N·A 생태계 강화 정책 개념도

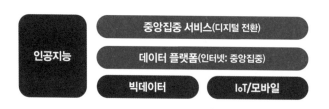

6장 디지털 자산 시대의 부와 권력의 이동

[그림6-4] D·N·A 생태계 강화의 블록체인 패러다임 적용 개념도

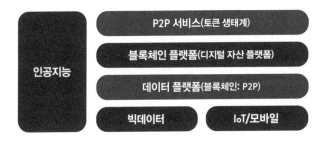

를 기반으로 AI 기술을 활용해 중앙집중 서비스를 개발함으로써 디지털 전환을 실현하겠다는 것이다. 디지털 뉴딜의 핵심은 데이터·AI 경제를 창출하겠다는 것이다.

가장 본질적인 근간에는 데이터가 존재한다. 그러나 우리가 필요한 데이터는 가치가 있는 데이터일 것이다. 블록체인 패러다임 관점에서 보면 가치가 있는 데이터는 디지털 자산이 된다. 즉, 데이터 플랫폼이 아닌 디지털 자산 플랫폼이 필요하다. 물론 디지털 뉴딜의 데이터 플랫폼의 운영 방식이 중앙집중 방식인 반면 디지털 자산 플랫폼의 운영 방식은 P2P 방식이 된다.

그리고 디지털 전환을 실현하기 위해 AI를 활용한 서비스도 중앙집중 방식이 아닌 P2P 방식으로 구현되어야 한다는 것이다. 이는 디지털 자산 플랫폼 기반의 서비스들이 토큰 생태계가 된다는 것이다 [그림6-4].

블록체인 및 암호화폐 기반 디지털 뉴딜의 핵심은 데이터·AI 경제를 넘어, 데이터·AI 경제 및 암호 경제(토큰 생태계)를 융합하는 것이다. 마찬가지 흐름으로 한국판 뉴딜의 다른 모든 분야 또한 블록체인 및 암호화폐 기반으로 전환해야 하는 것이다. 이를 블록체인 뉴딜 정책이라 명명한다.

<blockquote>
"

블록체인 뉴딜

블록체인 및 암호화폐 기반 한국판 뉴딜

"
</blockquote>

◯ 블록체인 뉴딜 정책이 만들어갈 디지털 자산 시장

한국판 뉴딜 정책과 블록체인 뉴딜 정책의 가장 큰 차별화는 블록체인과 암호화폐 철학 및 사상과 관련되어 있다. 정부·학계·연구기관·산업계 등 모든 사람이 데이터를 4차 산업혁명의 핵심 원유라 이야기하면서, 데이터(디지털 자산)의 중요성을 강조하고 있다.

그러나 가장 중요한 사실 하나를 간과하고 있는 것 같다. 데이터(디지털 자산)는 누가 만들고, 누구의 것인가. 핵심은 데이터(디지털 자산)를 생성하는 사람은 우리라는 것이다. 즉, 우리가 없는 4차 산업

혁명은 성공할 수 없다. 우리의 디지털 자산으로 성공한 4차 산업혁명으로 탄생한 미래 세상에서는 우리가 생성한 디지털 자산의 가치를 인정해야 한다는 것이다.

한국판 뉴딜 정책에는 데이터(디지털 자산) 생성자인 우리가 소외되어 있으며, 우리가 생성한 디지털 자산에 대한 가치를 인정하지 않는다. 이는 플랫폼 경제의 부와 권력이 독점화 문제를 해결하고자 하는 '더불어 잘사는 경제'를 추구하는 프로토콜 경제 철학과도 맞지 않는다.

블록체인 뉴딜 정책의 철학은 4차 산업혁명의 원유인 데이터(디지털 자산)를 주인(우리)에게 돌려주고 가치를 인정해, 더불어 잘사는 경제를 창출하는 것이다.

암호화폐가 만들어갈 세상 ①
암호화폐는 어떻게 부동산 생태계에서 혁신을 일으키는가

○ 　　현재 부동산과 관련해 사회적으로 많은 이슈가 도출되고 있는 실정이다. 부동산의 급격한 상승으로 인한 소외된 계층의 심적 고통은 이루 말할 수 없다. 심지어 부동산을 구매하기 위한 '영끌'이라는 신조어까지 생겼다.

　　미래 블록체인 세상에서 부동산 생태계에 일어나는 혁신을 통해 암호화폐가 만드는 세상의 모습을 보이고자 한다. 현재 부동산 생태계에 암호화폐 관련 적지 않은 프로젝트가 진행되고 있다.

○ 혁신 1단계: 부동산 자산 활용을 더욱 극대화할 수 있게 된다

부동산은 대부분 사람에게는 가장 큰 자산이지만, 자산의 활용성 측면에서는 경직되어 있는 시장이다. 현실적으로 부동산 자산을 활용하는 방법은 대출/주택연금/전·월세 등이 있다. 그러나 실제 자신이 거주하면서 활용할 수 있는 방법은 대출과 주택연금 등 매우 제한적이다. 먼저 암호화폐를 이용해 부동산 자산의 활용을 극대화하는 방법을 알아본다[그림6-5].

암호화폐란 유·무형 자산의 디지털 자산화이기 때문에 유형의 자산인 부동산을 부동산토큰(암호화폐)화할 수 있다. 그리고 부동산 토큰을 디지털 자산 거래 시장에서 거래하게 해주면, 부동산 자산을 활용할 수 있는 새로운 방법이 창출될 수 있다.

[그림6-5] 부동산 자산 활용 극대화

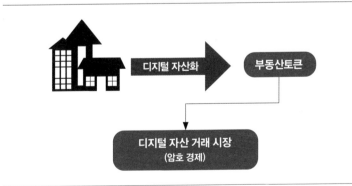

부동산토큰을 구매하는 사람들은 부동산을 소유하는 측면이 아닌, 부동산 가치의 상승을 기대하는 투자자들이다. 부동산 소유자는 계속 소유하기 위해 부동산토큰의 49%만 판매하면 된다. 한편으로 부동산토큰 생태계는 부동산 지분 소유 개념과도 일맥상통한다. 부동산 전체를 소유하는 것이 아닌 부동산토큰을 구매함으로써 지분을 소유한다는 것이다.

부동산토큰 생태계에서는 현재와 같은 '영끌' 문제도 다소 완화할 수 있을 것 같다. '영끌'을 하면서까지 부동산을 구매하고자 하는 사람들은 결국 부동산 가치의 급격한 상승에 따른 상대적 박탈감이 생기기 때문이다. 부동산토큰을 구매함으로써 부동산의 지분을 소유하게 되면 부동산 가치의 상승에 따른 수익을 얻을 수 있기 때문이다.

부동산토큰 생태계를 통해 부동산 반값 세상도 실현할 수 있다. 부동산토큰 생태계가 활성화되면, 실질적인 소유나 거주하기 위한 부동산을 구매하기 위해서는 부동산토큰의 51%를 구매하면 되기 때문이다.

◎ **혁신 2단계: 글로벌 부동산 단일 시장이 탄생한다**

부동산토큰 생태계는 암호 경제의 글로벌 특성에 의해 부동산 시장의 혁명을 실현할 수 있다. '글로벌 부동산 시장'의 탄생이다. 현재 디지털 자산의 글로벌 표준화가 진행되고 있으며, 이를 통해 전 세계 디지털 자산의 표현 방식이 표준화될 것이다.

디지털 자산의 표현 방식이 표준화되면, 자연스럽게 모든 국가의 부동산토큰의 표준화가 실현되고, 부동산토큰의 글로벌 디지털 자산 거래 시장이 구축될 것이다[그림6-6].

[그림6-6] 글로벌 부동산 시장 탄생

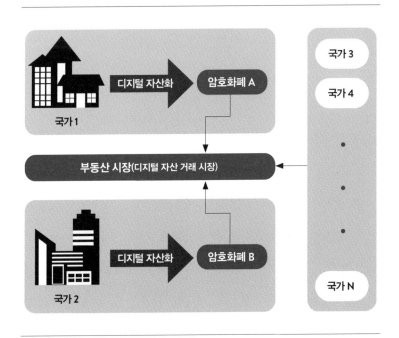

암호화폐가 만들어갈 세상 ②
극대화되는 개인의 자산(무형의 자산)

○ 우리가 미처 생각하지 못한 우리의 자산이 있다. 우리의 의료정보 데이터다. 우리가 병원에서 진료받을 때 우리의 의료정보 데이터가 생성된다. 중요한 것은 우리가 생성한 의료정보 데이터 또한 가치가 있는 디지털 자산이라는 것이다.

현재 우리가 생성한 의료정보 데이터에 대한 가치를 인정받고 있을까. 병원에서 진료받으면 돈을 지불한다. 우리가 지불한 돈은 여러 가지 산출 방식인 인건비, 고정비, 국가에서 제시한 표준 수가 등에 의해 결정된다. 이러한 가격 결정에 우리가 생성한 의료정보 데이터의 가치는 반영이 안 되어 있다는 것이다.

[그림6-7] 의료정보 데이터 자산 활용

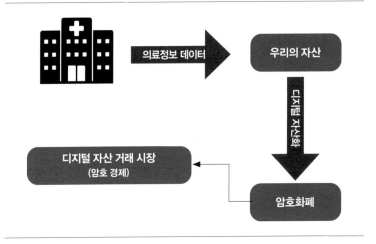

이제 우리가 생성한 디지털 자산(의료정보 데이터)의 가치를 인정받아 활용함으로써 우리 자산을 극대화하고 싶은 것이다[그림6-7].

우리가 진료를 받을 때마다 생성된 우리의 의료정보 데이터를 우리가 소유하자는 것이다. 그리고 우리의 의료정보 데이터를 디지털 자산화(암호화폐)해 우리가 거래의 주체자로서 거래하는 것이다. 의료정보 데이터 디지털 자산 시장이 창출될 것이다.

의료정보 디지털 자산 시장이 실현되면 우리 자산의 극대화는 물론 2가지 효과도 기대된다. (1) 우리의 의료정보 데이터를 우리가 관리한다는 것은 평생 진료 기록을 관리한다는 것과 동일하다. 이는 향후 진료 시 우리의 평생 진료 정보를 활용함으로써 오진율을 감소

할 수 있다고 생각한다. 또한 의료 사고 시 사후 대처가 현재보다 용이할 수 있을 것이다.

(2) 희귀질환을 가지고 있는 환자들에게 조금이나마 보탬이 될 수 있다. 의료정보 데이터의 가치는 희귀할수록 높은 가치를 인정받을 수 있기 때문이다.

물론 의료정보는 예민한 개인정보이기 때문에 철저한 개인정보보호 대책과 함께 강구해야 한다.

암호 경제가 활성화되면 무엇이 달라지는가

◎ 블록체인 세상이 온다

우리는 현재 인터넷 세상에서 살고 있다고 한다. 인터넷 세상이란 현재의 모든 서비스(정치·사회·경제·문화 등)가 인터넷을 기반으로 구축된다는 의미다. 인터넷이 없는 스마트폰을 상상해본 적이 있는가.

글로벌 신뢰 컴퓨터인 블록체인의 정의 중 하나가 제2의 인터넷이라고 한다. 제2의 인터넷이라는 의미는 현재 인터넷 기반의 인터넷 세상이 미래에는 제2의 인터넷 기반인 세상으로 전환된다는 것을 의미한다. 즉, 블록체인 세상이라는 것이다[그림6-8].

[그림6-8] 인터넷 세상과 블록체인 세상

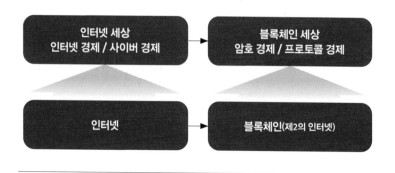

블록체인 세상의 실현을 블록체인 1.0/2.0/3.0으로 표현할 수 있다.

블록체인 1.0: 블록체인 세상의 시작

• 비트코인과 같이 블록체인 기반의 P2P 암호화폐 탄생

• 주로 암호화폐를 이용한 지불 서비스 탄생

블록체인 2.0: 블록체인 세상 진입

• 블록체인이 글로벌 신뢰 컴퓨터로 확립되어 스마트 계약(소프트웨
어) 기능을 활용하는 서비스 탄생

• 우리가 일상적으로 경험하는 금융상품, 보험상품, 전자상거래 등 단
편적인 블록체인 기반 서비스 탄생

블록체인 3.0: 블록체인 세상 도래

- 블록체인 정부, 블록체인 경제, 블록체인 국방, 블록체인 의료, 블록체인 물류, 블록체인 은행, 블록체인 환경 등 모든 서비스가 블록체인 기반으로 전환
- 암호화폐 대중화 시대

현재 전 세계적인 동향은 블록체인 2.0을 지나 블록체인 3.0 시대로 급격하게 진화하고 있는 실정이다. 그러나 우리나라는 정부의 암호화폐 자체를 부정하고 있는 정책 기조로 인해 블록체인 1.0 시대도 진입하지 못하는 실정이다. 미래 블록체인 세상을 선도하지 못하는 것은 물론 대비도 하지 못하고 있는 실정이다.

우리의 선택,
미래의 부와 권력을 어떻게 잡을 것인가

○ 　블록체인 및 암호화폐는 '대한민국의 미래'이자 '청년들의 희망'이다. 미래의 부와 권력은 암호화폐를 이해하는 자의 몫이기 때문이다. 무엇보다 많은 사람이 '블록체인적 사고'를 통해 미래의 부와 권력을 잡을 수 있기를 바라는 마음이다.

그러려면 암호화폐를 이해해야 한다. 암호화폐가 만드는 디지털 자산 시대는 눈앞에 당도한 현재이기도 하며, 멀지 않은 우리의 미래다. 지금 이 시점에 우리는 늦지 않게 선택을 해야 하는 순간에 와 있다. 아니 이미 늦었는지 모른다.

따라서 전 세계적으로 치열하게 펼쳐질 '디지털 쩐의 전쟁'에 대비하기 위해서라도 모두 다 함께 하루빨리 디지털 자산 시장을 구축해야 한다. 정부와 기업은 물론 개인도 암호화폐 패러다임을 생존 지식으로 여기며 대비해야 한다. 기술은 앞으로 더욱 빠르게 세상을 변화시킬 것이고, 안일한 자세로 있다 보면 미래의 속도를 감당하지 못하고 낙오될 수밖에 없기 때문이다.

이에 정부와 일반 기업, 개인 투자자들은 이를 어떻게 준비하고 대응할 것인지 살펴보았다.

○ 정부: 암호 경제에 대한 이해를 바탕으로 관련 정책을 전면 재검토해야

'인터넷 혁명' 시대에서 경험했던 실패 사례와 성공 사례를 반면교사 삼아야 한다. 대한민국은 인터넷 진흥 정책을 통해 세계에서 가장 빠른 인터넷과 스마트폰 보급률 1위를 자랑하는 IT 강국이라 이야기한다.

그러나 엄밀히 분석해보면 대한민국은 IT 강국이 아닌 IT 인프라 강국이다. IT 강국이란 IT 인프라뿐 아니라 IT 인프라를 기반으로 한 관련 산업 생태계도 세계 최고의 수준이어야 한다. 현재 세계 최고의 IT 관련 기업인 페이스북, 구글, 아마존, 알리바바가 우리나라

기업인가. 한번 자문해봤으면 한다. 세계 최고 IT 인프라(인터넷) 실현은 성공 사례로 평가받지만, IT 관련 산업 생태계 육성은 실패 사례로 봐야 한다.

이제 다시 한번 더 늦기 전에 제2의 인터넷인 블록체인 진흥 정책을 강력히 추진해 블록체인 강국이 되어야 한다. 블록체인 강국이란 미래 세상의 인프라인 블록체인 자체의 육성뿐 아니라 블록체인 관련 산업 생태계(암호 경제) 육성도 성공해야 한다.

현재 정부는 블록체인을 인공지능과 함께 4차 산업혁명의 핵심 기반으로 간주해 블록체인 육성 정책을 추진하고 있다. 그러나 암호화폐 관련 정책은 전면 금지인 부정적 정책 기조를 유지하고 있다. 암호화폐 관련 정책 근간에는 블록체인과 암호화폐를 분리할 수 있다는 생각이 자리 잡고 있다.

이는 암호화폐에 대한 오해에서 출발한다. 블록체인과 암호 경제를 이해한다면 블록체인과 암호화폐는 분리할 수 없다는 사실을 이해할 수 있다. 결론적으로 블록체인과 암호화폐는 분리할 수 없으므로 블록체인은 육성하고 암호화폐는 금지하는 정부의 현 정책은 잘못된 것이다.

정부는 지금이라도 블록체인과 암호화폐 관련한 현 정책 기조를 조속히 제고하는 유연성을 갖기를 바란다. 블록체인과 암호화폐 관련 정책은 다음과 같이 전환되어야 한다.

현재 정부의 블록체인과 암호화폐 관련 정책

• 블록체인과 암호화폐 분리 정책

• 주무 부처의 혼선: 국무조정실/금융위원회 등

• 정부의 잘못된 2트랙 정책: 암호화폐 전면 금지 및 블록체인 육성

정부의 블록체인과 암호화폐 관련 정책 제고

• 블록체인과 암호화폐 분리 불가능 인식

• 주무 부처: 진흥기관과 규제기관 협력 체계 구축

• 정부의 2트랙 정책: 암호화폐 및 블록체인 활성화, 부작용 및 역기능

  방지

"

무엇보다 중요한 것은

블록체인 뉴딜 정책 수립 및 추진

"

◎ 암호화폐거래소: 더욱 활성화될 수 있도록 지원해야

암호화폐거래소에 대한 오해가 많은 것 같다. 암호화폐거래소는

단순히 암호화폐를 거래하는 것 이상의 의미가 있다. 이는 주식거래소인 코스닥의 역할을 이해하면 쉽게 설명할 수 있다.

코스닥은 단순한 주식거래소가 아닌 IT 기업 생태계의 자본 유통 시장의 의미가 있다. 정부가 IT 기업 활성화를 이야기할 때 코스닥 진입장벽을 낮추겠다는 이야기를 한다. 코스닥 진입장벽을 낮춘다는 것은 IT 기업들의 코스닥 진입에 대한 유연성을 갖는다는 것이다. 이는 IT 기업 투자자들과 밀접한 연관이 있다.

투자자들이 IT 기업에 투자할 때는 항상 투자한 돈의 회수(보통 엑시트한다고 한다)를 생각하게 되고, IT 기업에 투자한 자금의 회수 방안은 코스닥 상장을 통해 이뤄진다. 만약 코스닥 진입장벽이 매우 높다면 코스닥 상장이 어려워지므로 자금 회수가 어렵다는 것을 의미한다.

암호화폐거래소도 유사한 기능이 있다. 투자자들이 암호화폐 관련 기업에 투자하는 방법은 기업이 발행한 암호화폐를 사는 것이다. 암호화폐를 산 투자자들이 자금을 회수할 수 있는 방법은 결국, 암호화폐거래소에 상장시킨 후 이를 거래소를 통해 매도하는 것이기 때문이다[그림6-9].

암호화폐거래소의 중요한 역할을 이해한다면, 암호화폐거래소 폐쇄가 아닌 암호화폐거래소의 건전성(투명성·신뢰성 등)을 확보해 활성화 정책을 추진해야 한다.

[그림6-9] 암호 경제 활성화 3대 축

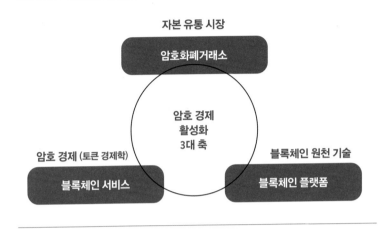

자본 유통 시장

암호화폐거래소

암호 경제
활성화
3대 축

암호 경제 (토큰 경제학)

블록체인 서비스

블록체인 원천 기술

블록체인 플랫폼

◎ 기업: 하루빨리 암호 경제로 진입해 수익 모델 만들어야

과거 '인터넷 혁명' 시대에 성공한 기업과 실패한 기업들의 사업
전략을 참고해 '블록체인 혁명' 시대를 준비해야 한다. 즉, 암호 경제
로 진입해야 한다.

가장 먼저 블록체인과 암호화폐(유·무형 자산이 디지털화)의 의미
를 정확히 이해해, 자신들이 소유한 자산을 디지털 자산으로 전환해
야 한다. 디지털 자산을 활용한 지속 가능한 토큰 생태계를 설계해
야 한다. 토큰 생태계에서 가장 중요한 것은 생태계 참여자들의 역할
에 대한 충분한 분석과 대응되는 보상 체계를 갖추는 것이다. 암호

경제의 목적이 더불어 잘사는 상생 경제이기 때문이다.

암호 경제를 실현하고자 하는 대부분 기업이 실패하는 이유는 토큰 생태계의 수익 모델을 간과하기 때문이다. 토큰 생태계 또한 경제 모델이므로 지속 가능한 토큰 생태계를 실현하려면 반드시 수익 모델이 존재해야 한다. 이는 본질적으로 토큰 생태계의 보상 체계와 밀접하게 연관되어 있다.

“

토큰 생태계의 핵심은 참여자들과의 상생(수익 분배)과

수익 모델의 적절한 균형

”

◎ 투자자: 미래 가치가 있는 건전한 암호화폐를 보는 통찰 키워야

건전한 암호화폐를 선택할 수 있는 안목과 통찰력을 가져야 한다. 암호화폐를 투자적인 관점에서 바라보는 1차적인 판단 방법은 [그림 6-10]과 같다.

가장 먼저 암호화폐를 발행한다는 것은 암호화폐가 필요한 경제 모델(암호 경제/블록체인 경제/프로토콜 경제)이 있어야 한다는 것을 강조하고 싶다. 암호화폐가 창출하는 경제 모델의 대상은 유·무형의

[그림6-10] 건전한 암호화폐 1차적 판단 방법

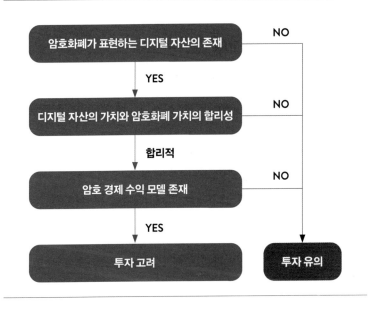

자산(디지털 자산)이며, 암호화폐는 디지털 자산의 가치 표현이므로 디지털 자산이 없는 암호화폐는 건전한 암호화폐가 아니다.

두 번째 살필 사항은 디지털 자산을 표현한 암호화폐와의 가치의 적절성·합리성이다. 이 차이가 크게 난다면 암호화폐의 버블이라고 생각하면 된다.

매우 중요한 또 하나의 항목이 바로 수익 모델이다. 모든 경제 모델은 수익 모델이 있어야 한다는 것은 경제에서 가장 핵심 사항이다. 수익 모델이 없는 경제 모델은 지속 가능하지 않기 때문이다.

[그림6-11] 건전한 암호화폐 최종 판단 방법

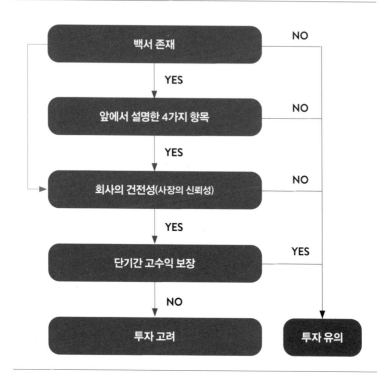

이러한 기본 항목들을 살펴보고, 최종적으로 건전한 암호화폐에 대한 구체적인 최종적 판단 방법은 [그림6-11]과 같다.

대부분의 암호화폐는 발행하는 주관 사업자가 있으며, 주관 사업자는 자신들이 암호화폐를 발행하는 배경과 해당하는 경제 모델을 설명하는 백서White Paper를 공개해야 한다. 백서에는 앞에서 설명한 항목들에 대한 구체적이고 상세한 설명을 공지해야 한다. 그리고 백서를 공개한 사업자의 건전성(투명성·신뢰성 등)을 생각해야 한다. 일반인은 회사 홈페이지 존재 여부, 백서에서 공개한 팀·팀원·어드바이저 등 관련된 사람들의 경력·신뢰성 등에 대해 살펴보는 것이 건전한 암호화폐를 판단하는 데 많은 도움을 줄 수 있다.

특히 한 가지 더 강조하고 싶은 것은 암호화폐를 다단계 방식으로 판매하고, 고수익을 보장하는 암호화폐는 대부분 불건전 암호화폐일 확률이 매우 높다는 사실에 유념해야 한다.

이러한 모든 것을 만족한다 해도 건전한 암호화폐가 성공하는 것을 보장하지는 않는다는 것을 명심해야 한다. 아무리 건전한 암호화폐라도 성공 여부는 결국 시장에서 결정되는 것이기 때문이다.

마지막으로 디지털 자산과 블록체인 혁명은 '대한민국의 미래'이자 '청년들의 희망'이라는 것을 다시 한번 강조하며 끝맺음하려 한다.

미국 현지에서 바라본
비트코인 열풍의 오늘과 내일

곽세연_연합인포맥스 뉴욕특파원, 투자금융부 부장

◎ 테슬라, 일론 머스크 그리고 비트코인

"Indeed: (긍정적인 진술·대답을 강조하여) 정말, 확실히."

5월 중순 어느 날, 테슬라의 창업자 일론 머스크의 이 한마디가 큰 파장을 불러일으켰다. "비트코인 투자자들은 다음 분기에 테슬라가 보유 중이던 비트코인을 모두 팔아버렸다는 사실을 알아채면 자신의 뺨을 칠 것"이라는 트윗에 대한 머스크의 반응, 'Indeed'라는 이 댓글에 시장이 요동친 것이다.

'머스크가 비트코인을 이미 팔았거나 적어도 팔 계획'이라는 인식이 퍼지면서 가상화폐 시총 200조 원이 단숨에 증발해버렸다. 그런데 11시간 뒤, "비트코인을 팔지 않았다"는 머스크의 트윗이 올라왔고, 상황은 또 반전됐다. 비트코인 가격은 어느 정도 회복세를 보였다.

하지만 머스크는 무책임했다는 비난을 피할 수 없었다. 5,768만 원이었던 비트코인의 값이 머스크의 'Indeed' 한 마디에 11시간 동안 5,228만 원까지 떨어졌고, '안 팔았다'는 말 한마디에 1시간 만에 5,500만 원까지 오른, 이 '널뛰기'를 곱게 볼 사람은 많지 않았다.

〈뉴욕타임스〉는 "(머스크는) 믿을 수 없는 사람"이라며 "결제 중단 방침 직전 (테슬라가) 비트코인을 매각한 것인지 향후 실적 발표를 지켜볼 것"이라고 비판했다. 비쌀 때 판 뒤 일부러 가격을 떨어뜨렸다는, 시세 조종 의혹까지 제기했다. 일전에 머스크가 갑작스레 비트코인 채굴 과정에서 사용되는 과도한 화석 연료 사용에 대한 비난과 함께 결제 수단으로서의 지위에 대한 제고, 그 대안으로 도지코인을 홍보했던 것이 회자됐다.

머스크의 비트코인 매입은 지난 2월로 거슬러 올라간다. 테슬라가 비트코인 15억 달러를 매입했다고 공시했는데 그 이유로는 '현금 수익 극대화', 즉 돈을 벌기 위해 투자했다고 밝혔다.

시장은 빠르게 반응했다. 비트코인에 대해 테슬라의 단순 투자 대상 이상의 여러 해석이 나왔던 것이다.

이는 '화폐 가치'에 대한 기대였다. 자동차를 팔 때 결제 과정이 필요한데, 그 과정을 가상화폐로 한다면 중간에 금융회사를 끼지 않아도 된다는 것. 이미 딜러 없는 자동차 판매를 하고 있는 등 기존 질서를 바꿔가고 있는 테슬라라면 가능하다는 희망이다. '테슬라는

가상화폐가 진짜 화폐로서의 가치를 지니게 될 것이라고 믿고 있다'
라는 인식이 사람들의 마음속에 피어나고 있었다.

테슬라의 2021년 1분기 실적도 사상 최고치였다. 1분기 매출
103억 9,000만 달러에 4억 3,800만 달러(주당 93센트) 순익. 배기가
스와 연비 기준을 충족하지 못한 자동차업체들에 판매한 '규제 크레
딧', 비트코인 매입 뒤 환금성을 증명하겠다며 비트코인을 팔아 낸
수익이 상당 부분을 차지했다.

전기자동차 회사가 자동차 대신 비트코인으로 돈을 벌었다는 이
유로 실적 발표 직후 시간 외 거래에서 주가가 3% 정도 빠졌고, 이
후 가상화폐와 관련한 머스크의 오락가락 행보에다 최근에는 서브
프라임모기지 사태를 예견했던 영화 〈빅쇼트〉의 실제 인물인 투자
가가 향후 테슬라의 주가 하락에 크게 베팅했다는 뉴스까지 나오는
등 이래저래 '스크래치'가 생긴 상황이지만, 적어도 일련의 과정들은
비트코인 등 가상화폐들의 화폐 가치에 대한 인식의 저변을 넓혔다
는 점에서는 충분히 의미를 지닌다.

◎ **미국에서 속속 현금화되는 비트코인의 위상**

미국 마이애미시 정부는 직원들의 급여를 비트코인으로 지불하

겠다고 선언했다. 지방 정부 차원의 비트코인 투자까지 염두에 두고, 주민 세금도 비트코인으로 결제하는 방안을 검토 중이라고 한다. 실리콘밸리의 많은 IT 기업을 유치하기 위한 일종의 마케팅이라는 평가가 많지만 전향적인 움직임이라고 평가하기에는 충분하다.

페이팔은 비트코인 결제 지원을 선언했다. "디지털 지갑은 일반화될 것"이라며 중앙은행 발행 디지털 화폐 유통업체가 되겠다는 야심찬 계획까지 발표했다. 애플의 움직임도 심상치 않다. 비트코인 ETF도 시중에 나왔다.

우리는 미국판 동학 개미 열풍을 주식 거래 플랫폼 '로빈후드'에서 확인할 수 있었다. 가상화폐의 경우에는 거래소인 코인베이스의 실적을 주목해볼 만하다.

코인베이스가 최근 공개한 1분기 실적에 따르면 사용자가 610만 명이다. 나스닥 상장 때부터 관심을 끌더니 쭉 '블록버스터급'이다. 2020년 4분기 280만 명에서 3개월 만에 배 이상으로 치솟았다. 거래 규모는 3,350억 달러 이상으로 급증했고, 플랫폼 자산 역시 4분기 900억 달러에서 2021년 1분기 2,230억 달러로 급증했다.

개인만 투자에 뛰어든 것이 아니다. 코인베이스 자산 중 기관 자금이 1,220억 달러다. 이른바 '전문적인 자금'도 가상화폐 시장으로 쏟아지고 있다는 말이다.

여기서 드라마 〈왕좌의 게임〉에 자주 등장하는 유명한 대사 하나.

"윈터 이즈 커밍Winter is coming." 무엇인가가 오고 있는 것은 분명하다.

◯ 화폐라고 믿기 때문에 화폐가 된다

대공황 시절 미국의 루스벨트 대통령은 '사람들이 화폐라고 믿기 때문에 화폐라고 불리는 것이 화폐일 수 있다'라는 사실을 아주 잘 이해하고 있었다.

당시 은행은 신뢰를 잃었다. 사람들은 은행에 맡긴 예금을 돈이라고 생각하지 않게 됐다. 그래서 사람들은 예금을 인출하고 자신들의 돈을 지폐의 형태로 보관하기를 원했다. 엎친 데 덮친 격으로 지폐에 대한 신뢰마저 상실되기 시작했다. 이제 사람들은 지폐를 금으로 교환하고 싶어 했다. 당시 미국은 제 기능을 수행하지 못하는 화폐를 사용하는 데다 심지어 그런 화폐조차 부족한 세상이었다.

그러자 루스벨트가 '폭탄'을 터뜨렸다.

행정 명령 6102호.

"지금부터 모든 국민은 1933년 5월 1일까지 개인적으로 소유하고 있는 모든 금화, 금괴, 금 증서를 연방준비제도 소속 은행에 맡겨야 한다. 어길 시 1만 달러 이하의 벌금이나 10년 이하의 징역형 또는 둘 다에 처한다."

많은 사람이 이 급진적인 안에 대해 반대했다고 한다. 그러나 주머니에서 10달러짜리 지폐를 꺼내며 "이봐, 내가 이 지폐가 쓸모가 있는지 어떻게 알까? 내가 쓸모가 있다고 생각하기 때문에 이 지폐가 화폐로서 쓸모가 있는 거라네"라던 루스벨트.

거칠었지만 효과가 있었다. 이후 물가가 오르기 시작했고 실업률이 떨어졌고, 소득과 주식 시장의 지수도 올랐다.

1934년 루스벨트는 금 1온스당 35달러의 '교환 비율'을 정했다. 하지만 일반인들은 달러와 금을 교환할 수 없었다. 미국에서 금본위제가 완전히 폐지된 것은 1971년이지만, 화폐로서의 금을 자연의 질서처럼 당연한 것으로 여겼던 금본위제 신봉자들에게 금본위제 역시 사람들의 선택이었다는 점을 루스벨트는 증명했다.

◯ 화폐의 위기, 세계는 어떻게 대응하는가

요즘이 화폐의 위기 시기라는 것을 의심할 여지는 없다. 돈의 가치가 점점 떨어지고 있음을 우리는 체감하고 있다. 언제나 똑같이 사람들은 선택할 수 있다. 돈이란 그런 것이다.

그럼 비트코인이 대안일까. 유명 투자가 짐 로저스Jim Rogers는 그의 책《대전환의 시대》를 통해 비트코인에 투자하고 싶은 사람에게

충고했다.

"자신이 굉장한 능력을 갖춘 단기 투자가라고 생각한다면 매매해 봐도 좋을 것이다. 하지만 보통의 개인 투자자에게는 권하지 않는다. 언젠가 오를 거라며 계속 갖고 있어도 가상화폐는 곧 정부에 의해 독점되고 말 것이기 때문이다."

80년 전 영국의 중앙은행은 "우리가 발행하는 지폐 이외의 것을 사용하면 반역죄로 처형한다"라고 선언했다. 누구나 처형당하고 싶지 않았기에, 모두가 다른 화폐를 쓰는 것을 그만뒀다고 한다. 가상화폐 역시 마찬가지다. 화폐로서 가치가 인식되고 성공하기 시작하면 정부는 가상화폐를 독점할 가능성이 크다.

중앙은행 가운데서는 중국과 스웨덴이 가장 앞서 움직이고 있다. 세계 2위 경제 대국 중국은 디지털 위안화e-CNY로 불리는 인민은행의 디지털 화폐 시범 사업을 진행하고 있고, 스웨덴 중앙은행인 릭스방크는 몇 달간 전자 형태의 크로나를 시험했다.

연방준비제도Fed, 일본은행BOJ, 영란은행BOE 같은 중앙은행들은 적극적으로 나서지는 않지만, 변화의 움직임은 충분히 감지되고 있다.

유럽중앙은행ECB이 디지털 유로 도입에 대한 공개 논의를 공식화했고, 2021년에는 도입 여부를 결정하겠다는 방침도 공개했다. 크리스틴 라가르드Christine Lagarde ECB 총재는 "디지털 유로 도입을 매우 진지하게 보고 있다"라고 이미 신호를 보냈다. 그는 이어 "현금을 대체할 수 없지만 훌륭한 보조, 대용품이 될 수 있다"라고 말했다.

연준은 비교적 잠잠하다. 제롬 파월Jerome Powell 의장은 2021년 4월 연준 회의 이후 기자회견에서 중국의 공격적인 디지털 통화 움직임에 "달러는 기축통화여서 덜 우려된다"라며 서두르지 않겠다는 뜻을 나타냈다. "빨리하는 것보다 실수를 피하는 게 중요하다"라고 강조하면서 "중국에서 사용되고 있는 통화 방식이 우리에게는 작동하지 않을 것"이라고 견제했다.

그래도 넋 놓고 있을 수만은 없다. 현재 보스턴 연방준비은행FRB이 매사추세츠공대MIT와 함께 중앙은행 디지털 화폐에 관한 공동 연구를 진행하고 있다고 한다.

◎ 가치 그 이상의 가치, 비트코인의 미래는

돈으로서 비트코인의 발전 가능성에 대해서는 의견이 엇갈린다. 아직은 많은 사람이 비트코인과 달러의 '교환율'에 대해 얘기하지 않고, '비트코인의 가격'에 대해서만 얘기하고 있기 때문이다. 비트코인 1개의 가격과 존재하는 모든 비트코인의 수를 곱해 '시가총액'을 읊으면서 그냥 열광만 하고 있다.

그런데 돈을 두고 이런 식으로 얘기하는 사람은 아무도 없다. 비트코인의 가격 상승을 보면서 "비트코인이 가치의 저장 수단이 됐다"라고 얘기하지만, 화폐의 가치 저장 기능은 아직인 듯하다.

오늘 100달러로 일주일 치 식음료를 샀다면 달러의 가치가 조금은 하락하겠지만 1년 뒤에도 100달러로 비슷한 양의 일주일 치 식음료를 살 수 있을 것이다. 하지만 비트코인은 얘기가 다르다. 오늘 일주일 치 식음료를 산 비트코인으로 1년 뒤에 하루 치만 살 수 있다거나 식료품 가게를 통째로 살 수도 있다. 결국에는 현재의 비트코인은 일종의 투자 대상일 뿐이라는 말이다.

은행권과 은행예금은 채무를 기록하는 수단으로 출발했지만, 서서히 완전한 돈으로 사용됐다. 돈으로 사용되던 것이 어느 순간 돈이 아닌 것으로 되는 순간, "이제 보니 은행권과 은행예금, 머니마켓 뮤츄얼펀드MMF가 돈이었네"라고 말한다. 가상화폐는 그 반대다. 사토시 나카모토가 만들어낸 기발한 발명품에 사람들은 "여기에 새로운 돈이 등장했다"라고 외치고 있지만, 아직은 완전한 돈이 되지는 못했다.

그렇지만 금융 투자업계의 대가들이 최근 들어 비트코인에 대한 견해를 전향적으로 바꾸고 있다는 것은 매우 흥미롭다. 특히 주목할 부분은 비트코인에 관해 부정적이었다가 중립적 혹은 긍정적으로 바뀐 사람은 있지만, 긍정적이었다가 중립적 혹은 부정적으로 바뀐 사람은 없다는 것이다.

미주

3장

1 https://defipulse.com, 5/9 기준.

2 https://www.fidelity.com/about−fidelity/our−company/asset−management

3 https://www.coindeskkorea.com/news/articleView.html?idxno=61570

4 https://cointelegraph.com/news/goldman−sachs−launches−limited−btc−derivatives− trading−desk

5 https://dappradar.com/rankings

6 https://www.coindeskkorea.com/news/articleView.html?idxno=72368

4장

1 CoinMarketCap.com, 2021.5.8.

2 스마트 계약, '용어로 보는 IT', 《네이버 지식백과》.

3 기본적 분석, '매일경제', 《네이버 지식백과》.

4 기술적 분석, '한경 경제용어사전', 《네이버 지식백과》.

5 암호화폐공개, 'IT용어사전', 《네이버 지식백과》.

6 분산 응용, '용어로 알아보는 5G/Blockchain', 《네이버 지식백과》.

7 디파이, '한경 경제용어사전', 《네이버 지식백과》.

8 NFT, '시사상식사전', 《네이버 지식백과》.

9 EIP, 《위키백과》.

5장

1 "서울옥션, 미술품 디지털 자산 시장 진출", 〈서울경제〉, 2021년 3월 11일.

2 https://coinmarketcap.com/view/defi

부의 대전환
코인
전쟁

1판 1쇄 발행 | 2021년 6월 11일
1판 3쇄 발행 | 2022년 2월 8일

지은이 박성준, 김승주, 한대훈, 임동민, 홍익희
특별기고 곽세연
펴낸이 김기옥

경제경영팀장 모민원
기획 편집 변호이, 박지선
커뮤니케이션 플래너 박진모
경영지원 고광현, 임민진
제작 김형식

표지 디자인 블루노머스   본문 디자인 제이알컴
인쇄 · 제본 민언프린텍

펴낸곳 한스미디어(한즈미디어(주))
주소 121-839 서울특별시 마포구 양화로 11길 13(서교동, 강원빌딩 5층)
전화 02-707-0337 | 팩스 02-707-0198 | 홈페이지 www.hansmedia.com
출판신고번호 제 313-2003-227호 | 신고일자 2003년 6월 25일

ISBN 979-11-6007-613-4 (13320)